€ 12,-

Felicia Langer

Die Entrechtung der Palästinenser

Felicia Langer, in Polen geborene Jüdin, als Kind mit der Familie vor den Nazis geflohen, in der Sowjetunion den Vater verloren, nach dem Krieg frühe Heirat, mit ihrem Ehemann der Mutter nach Israel folgend, in ein fremdes Land, Jahre der Entbehrungen, Mutter werden, spätes Studium, Zulassung als Rechtsanwältin ...

Felicia Langer: eine Frau, die vor dem Unrecht nicht die Augen verschließen kann, die mit denen leidet, die nachts vertrieben, in Straflager eingesperrt, gefoltert, deportiert werden, zornig über das Unrecht, das den Palästinenserinnen und Palästinensern in den von Israel besetzten Gebieten widerfährt, beherzt für einen gerechten Frieden in Nahost kämpfend, angefeindet und bedroht von jenen, die nicht verstehen, dass sie sich um ihres eigenen Volkes willen für die Rechte des palästinensischen Volkes einsetzt ...

Die bekannte Menschenrechtsanwältin wurde an ihrem 60. Geburtstag mit dem Alternativen Nobelpreis, dem »Right Livelihood Award«, ausgezeichnet.

Felicia Langer

Die Entrechtung der Palästinenser

40 Jahre israelische Besatzung

Lamuv Taschenbuch 342

Bitte fordern Sie unser kostenloses Gesamtverzeichnis an:
Lamuv Verlag, Postfach 2605, D-37016 Göttingen
Telefax (0551) 41392
E-Mail: info@lamuv.de
www.lamuv.de

06 07 08 09 10 5 6 5 4 3 2 1

1. Auflage 2006
Originalausgabe

Lektorat sowie Übersetzung einiger Texte aus dem Englischen:
Maren Hackmann
Umschlag: Claas Möller
unter Verwendung eines Fotos von Kai Wiedenhöfer
Gesamtherstellung: Steidl, Göttingen
Printed in Germany
ISBN-10 3-88977-680-9
ISBN-13 978-3-88977-680-8

Inhalt

Für Valentin

Der »Sechstagekrieg« in seinem 40. Jahr

Er wird bald 40 Jahre alt werden, der so genannte Sechstagekrieg vom Juni 1967. Ich habe diesen Krieg von Anbeginn sehr genau verfolgt, habe beschrieben, wie ich ihn erlebt und empfunden habe. Ich wollte die israelische Besatzung, die mit diesem Krieg eingeleitet wurde, in all ihrer Hässlichkeit schildern, das Unrecht jedermann vor Augen halten. Ich wollte den Leidenden im besetzten Palästina - Westjordanland, Ostjerusalem und Gazastreifen - und auf den syrischen Golanhöhen eine Stimme geben, eine Stimme, die in Israel und auf der ganzen Welt gehört werden würde, denn diesen Alptraum galt es so schnell wie irgend möglich zu beenden.

Doch die Unterdrückung der palästinensischen Zivilbevölkerung durch die militärische Großmacht Israel dauert an, und so bleibt mir keine andere Wahl, als auch im 40. Jahr der Besatzung mit spitzer Feder gegen dieses Unrecht anzukämpfen und alles daranzusetzen, den Palästinensern Gehör zu verschaffen, gerade auch in Deutschland.

Bereits in meinem ersten, 1974 erschienenen Buch (deutsch 1977: *Mit eigenen Augen*) schrieb ich:

Manche nennen ihn den Sechstagekrieg, entsprechend der offiziellen Zählung der Kampftage an allen Fronten. Es begann in den ersten heißen Junitagen, als die Parole »Rote Decke« in sämtlichen Kriegsgebieten zu hören war.

In den Hauptquartieren atmete man vielerorts ersichtlich auf, denn lange genug hatte man nun schon auf den Augenblick gewartet, an dem die Truppen endlich ungehindert in Marsch gesetzt werden konnten. Israels längster Krieg hatte begonnen.

Ägyptische Soldaten irrten durch die glühende Sinaiwüste. Es war befohlen worden, keine Gefangenen zu machen. Rabbi Goren blies den *Schoffar* (das Bockshorn) an der Klagemauer, die Soldaten sangen »Jerusalem, die Goldene«. Doch hier, in der Wüste, bedeckte der Sand die Leichen der Verdursteten. Derselbe Sand sollte eine Touristenattraktion werden.

Den Israelis befahl man, einen Landstrich zu lieben, den sie nicht kannten und noch nie gesehen hatten. »Sharm el-Sheikh, wir sind heimgekehrt«, so sang man allenthalben, und clevere Touristikunternehmer trafen bereits Vorkehrungen zu seiner Umwandlung in eine »Attraktion«. Möglicherweise träumten sie schon davon, seinen Namen zum niedlich französisch klingenden »Charme« zu verkürzen, ohne den kratzenden Beiklang des Arabischen.

Aufregende Kriegsgeschichten und Siegesalben waren die große Mode. Die Lust an der Zerstörung zeigte sich in jedem Winkel, schrie aus allen Zeitungen, strömte über den Äther. Die Luftwaffe platzte fast vor Stolz über ihr eigenes »Pearl Harbor«. Die Betonung der ästhetischen Seite der Bombardements bekam einen Ehrenplatz in den Kriegsgeschichten. Luftwaffenoberst Ezer Weizmann (damals noch Oberstleutnant) prägte den Ausspruch: »Sinai glich einem auf den Kopf gestellten, angebrannten Geburtstagskuchen.« Einer von Ezers Schülern, ein Miragepilot, sagte nach dem Krieg: »Ägypten glich einem Lag-ba-Omer-Freudenfeuer«. Dieses Mal verschonte der Todesengel nicht einmal die Vororte von Kairo. Ezer konnte stolz auf seine Schüler sein, die, nach ihren eigenen Worten, wie der zornige Büffel in dem Film »Das war der wilde Westen« waren, »alles niedertrampelnd, alles auf ihrem Pfad zerstörend, nichts hinterlassend ...«

Im Siegestaumel ging völlig unter, dass Gebietsgewinn offiziell niemals unser Ziel gewesen war. Die Toten waren fast schon vergessen – jene Hunderte israelischer Soldaten, denen man erzählt hatte, sie kämpften ums nackte Überleben. Wie gut, dass die Toten schweigen und die Verkrüppelten im Verborgenen leiden und die Show weitergehen kann. Ihr Regisseur hatte sich ein Happyend vorgestellt, einen Telefonanruf aus einer der arabischen Hauptstädte, in dem die Besiegten die Kapitulation erklären würden. Obwohl er selbst die Show inszeniert hatte, wurde ihm nicht bewusst, dass es lediglich die erste Schlacht gewesen war, die man soeben beendet hatte.

Zum Schluss des Sechstagekriegs war das kleine Israel ein Imperium geworden: das Westjordanland, der arabische Teil Jerusalems, die Golanhöhen, der Gazastreifen und die Sinai-Halbinsel!

»Welch wunderbare Mitgift!«, frohlockten die Führer. Die einzig betrübliche Sache war die Braut, die mit ihr gekommen war – die dort lebenden Araber. Denn Israel wünschte sich, wie schon Golda Meir erwähnt hatte, ein Maximum an Land mit einem Minimum an Bevölkerung. Ein hübscher Gedanke!

Manch einer dachte mit Wehmut an 1948 zurück, als die Palästinenser flüchten mussten. Unsere Herrscher hegten Tagträume von unbewohntem Brachland. Was für Möglichkeiten würde das bieten!

Ihre Erwartungen erfüllten sich tatsächlich in den eroberten Golanhöhen: Rund 150 000 Menschen flohen in Angst und Schrecken. Aus dem Westjordanland flüchteten ebenfalls Tausende; etliche von ihnen vertrieb man. Aber das sollte für die Veränderung der Demographie der besetzten Gebiete noch nicht ausreichen. Die Vision von 1948, vor der die Kommunisten stets warnten, war noch nicht verwirklicht. Zwar gab es diesmal kein Deir Yassin*, aber man konnte dem Eroberer auch nicht zum Vorwurf machen, er täte nicht sein Bestes, um die Region zu »säubern«. Im Gebiet von Latrun, an der Strecke nach Jerusalem,

* Im palästinensischen Dorf Deir Yassin verübten jüdische Kampftruppen im April 1948 ein Massaker an der Zivilbevölkerung.

hatte es einst freie Dörfer gegeben: Yalu, Beit Nuba und Amwas. Israelische Soldaten zerstörten sie nach den Kämpfen. Es hatte dort nicht die Spur irgendwelcher Militäranlagen gegeben. Ihre Bewohner verbannte man, ohne dass sie ihre Habe mitnehmen konnten. Qalqilya sollte dasselbe Schicksal erleiden. Mit seiner Zerstörung hatte man schon begonnen, doch dank der öffentlichen Meinung wurde sie wieder eingestellt. Kein Stein war auf dem anderen geblieben in den Dörfern der Gegend in Latrun. Nachdem ich das eingeebnete Land gesehen hatte, wo einst Häuser gestanden hatten, verstand ich zum ersten Mal diesen Ausdruck: gründlicher noch als die Römer, die uns wenigstens eine Mauer gelassen haben ...

Einige der Flüchtlinge wollten nach dem Ende der Kämpfe in ihre Häuser zurückkehren. Sie mussten mit ihrem Leben bezahlen. Ihr Blut rötete die Wasser des Jordan.

Wehe den Besiegten!

Zum Imperium gehörten auch Flüchtlingslager, gleichsam als lebende Monumente der fortdauernden Tragödie des arabisch-palästinensischen Volkes. In Bethlehem, Ramallah, Gaza, El-Arish, Rafah sowie Khan Younis und den umliegenden Gebieten konnte sich jeder beliebige Israeli jene Menschen anschauen, die seit 1948 in Armut und Mangel lebten: die ehemaligen Bewohner von Ramleh, Lydda, Jaffa, Majdal und Masmiyyah. Einige der Flüchtlinge wagten, ihre Häuser zu besuchen; sie tranken sogar eine Tasse Kaffee mit den neuen Eigentümern. Nachdem sie in ihre elenden Behausungen zurückgekehrt waren, erzählten sie ihren Angehörigen und Freunden, welche Veränderungen die neuen Besitzer dort vorgenommen hatten und wie der Laden von nebenan aussah.

Manchmal, auf dem Weg zu ihrer Arbeit als Lohnempfänger, konnten sie auch ihre Äcker sehen. Manchmal nahmen sie auch ihre Kinder mit, damit sie selbst erkennen konnten, dass das Leben nicht dort im Lager, mit all den Entbehrungen, begonnen hatte. Dann seufzten die Väter, und in den Kindern regte sich der Zweifel.

Eine Welle von Exkursionen zu den bedeutendsten Schlachtfeldern wurde organisiert, damit das Volk die Größe des Sieges schätzen lernte. Als die Israelis durch den Gazastreifen, Jerusalem und Nablus streiften, bekamen sie die hasserfüllten Blicke zu spüren, fühlten sie den verletzten Stolz. »Wir wollen euch hier nicht!«, schrien die Augen, bevor schließlich die Hände sich abwandten, um nach Granaten zu greifen. Der Eroberer verstand nun, dass trotz der Großartigkeit des Sieges die Braut ihn nicht mochte. Die Unterdrückung begann. Der Eroberer verstand es, sie in den Mantel der Legalität zu hüllen. Bekanntmachungen und Befehle wurden in allen eroberten Gebieten erlassen. Die Ersten lauteten folgendermaßen:

1. »Die Israelischen Verteidigungskräfte sind heute in diese Zone eingerückt und übernehmen die Kontrolle und Aufrechterhaltung von Sicherheit und öffentlicher Ordnung.«

2. »Hiermit ordne ich Ausgangssperre für diese gesamte Zone an. Während des ganzen Tages ist niemandem das Verlassen seines Hauses gestattet.«

Mit der Zeit änderte sich die Sperrstunde, die Befehle jedoch galten als höchstes Gesetz in den besetzten Gebieten. Sie verbannten alles politische Leben und jede Art von Widerstand gegen die Unterwerfung, ganz gleich wie passiv der Widerstand auch war. Zu schwerer Strafe wurde jeder verurteilt, der an stummen Demonstrationen zum Gedenken der Kriegsopfer teilnahm, Flugblätter verteilte, an Streiks teilnahm, im Besitz von Zeitungen war, einem Sohn oder Bruder half, den man feindlicher Tätigkeit gegenüber der Regierung verdächtigte, oder einer verdächtigen Person Wasser, Brot oder Obdach gewährte. Das Zerstören von Häusern als Strafmaßnahme begann in der ganzen Region, von Quneitra im Norden bis nach Qantara im Süden.

Die Araber, ein unbeugsames Volk, wollten diese glitzernde, fortgeschrittene, organisierte und überlegene Macht nicht hinnehmen. Ohne jeden Sinn für Realität – wie der Eroberer es nennen würde – starben sie zu Hunderten mit Gewehren in ihren Händen, als die israelische Armee die Flüchtlingslager im Gazastreifen, seine Straßen, die Wildnis des Wadi Arabah und die Jordanufer durchkämmte. Die Araber waren eher bereit, ins Gefängnis zu gehen, als die Segnungen entgegenzunehmen, mit denen der Eroberer sie locken wollte. Er zerstörte ihre Häuser in der Hoffnung, sie würden alles verlassen, doch sie kehrten zurück zu ihren Ruinen. Er verbannte die Söhne, doch die Eltern weigerten sich zu gehen. »Wir sind hier geboren, und hier wollen wir auch sterben…« Ein Volk, das die Sprache der Macht nicht versteht.

Die vielen Jahre der Unterwerfung haben den Sieger fett gemacht. Er hat sich einen Wanst angefressen und ist reich geworden. Aber wir reden freilich nicht von den einfachen Menschen, die immer nur mit ihrem Blut zu zahlen haben…

Das Imperium wurde zu einem recht ansehnlichen Reservoir billiger Arbeitskräfte, ein Markt für israelische Produkte; sein Land wurde zum Siedlungsgebiet, und seine Quellen lieferten das Wasser.

Der Sieger verschwendete keine Aufmerksamkeit für die seit Jahren ausgesandten Friedenssignale der Araber, denn er fühlte sich sehr wohl mit einem Sharm – auch ohne Frieden.*

Der Widerstand gegen die Besatzung dauert zwar ungebrochen an, doch äußerliche Anzeichen von Ruhe und Lächeln hier und da haben den Sieger besänftigt. Er hat das Brodeln des Vulkans unter seinen Füßen nicht gehört. Er wähnt sich im Besitz einer ewigen, gottgewollten Macht.

Wehe dem Sieger!

Meine damalige Mahnung hat bis heute nichts von ihrer Dringlichkeit eingebüßt.

Das von Israel in den besetzten Gebieten installierte Schreckensregime habe ich während meiner Tätigkeit als

* Mosche Dayan hat einmal erklärt, dass er, vor die Wahl »Frieden ohne Sharm el-Sheikh« oder »Sharm el-Sheikh ohne Frieden« gestellt, Letzterem den Vorzug geben würde.

Anwältin von 1967 bis 1990 hautnah erlebt. Viel Blut wurde vergossen, umsonst.

Israel hätte schon längst Frieden mit den Palästinensern schließen können, wenn es, wie es das Völkerrecht verlangt, seine Besatzung beendet, sämtliche Siedlungen aufgelöst und das Flüchtlingsproblem gelöst hätte. Die Mehrheit der Palästinenser, einschließlich ihrer Führung, ist zu einem Frieden zu diesen Bedingungen schon lange bereit: Seit langem schon gibt die palästinensische Seite Israel zu verstehen, dass sie sich mit 22 Prozent des historischen Palästina begnügen würde, und die internationale Gemeinschaft verlangt ebenfalls seit Jahrzehnten den Rückzug Israels auf die Linien, wie sie vor dem Sechstagekrieg bestanden. Doch der Sieger will sich mit den ihm angebotenen 78 Prozent des historischen Palästina nicht zufrieden geben. Er will noch mehr Land. Er ist unersättlich geblieben und hat - mit diplomatischer, wirtschaftlicher und militärischer Unterstützung der Vereinigten Staaten - beständig Tatsachen geschaffen.

So hat der Sieger den Rest seiner moralischen Werte verloren. Er ist zum Mörder und Kriegsverbrecher geworden. Er raubte den Palästinensern ihr wertvollstes Land und kolonisierte es - und er tut es bis heute. Er hält nach wie vor Tausende Palästinenser gefangen. Er baut eine Mauer der Apartheid tief ins Westjordanland hinein, ein wahres Schandmal. Er hält in den besetzten Gebieten das einzige Apartheidsystem der Gegenwart aufrecht und inszeniert sich dabei auch noch als Opfer.

Doch die Besiegten geben nicht auf, so wie sie auch damals nicht bereit waren, aufzugeben. Sie werden die

Arroganz der Macht nicht hinnehmen. Weder die israelische noch die amerikanische. Sie werden standhaft bleiben und ihre Würde bewahren. Sie werden nicht eher ruhen, bis sie nicht ihre Freiheit errungen und den Frieden bekommen haben, der ihnen zusteht, nämlich einen gerechten. Die Besten in Israel, die mit den Besiegten solidarisch sind, wissen, dass ein solcher Friede auch ein Segen für Israel sein wird.

Wehe dem Sieger, der dies nach all den blutigen Jahren immer noch nicht begriffen hat.

»Sich fügen heißt lügen!«

Juni 2004. Ich fahre quer durch Deutschland, so wie seit Jahren, um über die Lage in Israel und Palästina zu informieren und die Menschen hier dazu zu ermutigen, sich mit den unterdrückten Palästinensern und unseren israelischen Friedenskräften solidarisch zu erklären.

Die Nachrichten über Selbstmordanschläge in Israel bestürzen mich. Ich verurteile sie aufs Schärfste. Die Worte des großen palästinensischen Dichters Mahmoud Darwisch klingen in meinen Ohren. Wer wolle, dass sich das Verhältnis der Palästinenser zu Leben und Tod ändere, der müsse ihnen die Pforte zum Leben öffnen... Wie die folgenden Kapitel zeigen werden, ist diese Pforte im wörtlichen wie im übertragenen Sinne immer noch fest verriegelt.

Ein paar Tage später, ich war wieder zu Hause in Tübingen, klingelte mein Telefon. Sabine Kruse, die Vorsitzende der Erich-Mühsam-Gesellschaft in Lübeck, war am Apparat und fragte, ob ich als Anerkennung für mein Engagement den Erich-Mühsam-Preis entgegennehmen würde; er werde alle zwei Jahre verliehen. Ich freute mich über den Vorschlag, wusste aber zu diesem Zeitpunkt kaum etwas über Erich Mühsam.

Sabine Kruse versorgte mich umgehend mit ein paar Heften der Erich-Mühsam-Gesellschaft, durch die ich ihn dann als einen Dichter, politischen Aktivisten und Anarchisten kennen lernte. Erich Mühsam, Jahrgang 1878, war einer der Ersten, die vor dem heraufziehenden Nationalsozialismus warnten. Bereits im Februar 1933 wurde er in Berlin verhaftet, an verschiedenen Orten (unter anderem im KZ Sonnenburg) festgehalten, 14 Monate lang gefoltert und misshandelt und schließlich im Juli 1934 im KZ Oranienburg ermordet.

Ich teilte der Erich-Mühsam-Gesellschaft mit, dass mich die Lektüre erschüttert hatte und dass ich vom Leben und Werk Mühsams zutiefst beeindruckt war. Wenn ich auch keine Anarchistin sei, so verehrte ich Mühsam doch für seine Menschlichkeit, schrieb ich. Ich ließ die Mühsam-Gesellschaft wissen, dass ich diese neue Bekanntschaft als große Bereicherung empfand und die Ehrung dankbar annehmen würde. Daraufhin veröffentlichte die Mühsam-Gesellschaft folgende Pressemitteilung:

Die Erich-Mühsam-Gesellschaft/Lübeck verleiht den Erich-Mühsam-Preis 2005 an Felicia Langer. Er wird gestiftet vom Lübecker Galeristen und Kunstsachverständigen Frank-Thomas Gaulin und wird vergeben an Projekte oder Einzelpersonen, die, wie Erich Mühsam, Verhältnisse nicht als gegeben hinnehmen, sondern im Sinne einer lebenswerten Zukunft nach befreienden Alternativen suchen. Mühsams unbestechlicher Gerechtigkeitssinn, seine Menschenliebe sowie seine kritische Analyse der politischen Ereignisse ließen ihn zu einem ersten Opfer der Nazis werden.

Die israelische Rechtsanwältin Felicia Langer verteidigte über 20 Jahre lang palästinensische Häftlinge gegen die israelische Besatzungspolitik. Ihr Eintreten für die Menschenrechte der Benachteiligten wurde 1990 mit dem Alternativen Nobelpreis und 1991 mit dem Preis der Bruno-Kreisky-Stiftung gewürdigt.

Die polnische Jüdin, die als Kind vor den Nazis in die Sowjetunion geflohen war, emigrierte 1950 mit ihrem Mann nach Israel. Nach dem Sechstagekrieg (1967) ließ sie sich als Rechtsanwältin in Jerusalem nieder. Seit 1990 lebt sie in Deutschland, wo sie ihr Engagement für den Frieden in Nahost fortsetzt. Ihre Bücher sind Zeugnis ihrer Lebensaufgabe, den Schwachen in der Gesellschaft zu ihrem Recht zu verhelfen und sich dabei von keiner staatlichen Macht beeindrucken zu lassen.

Die Verleihung des Erich-Mühsam-Preises findet am 13. März 2005 im Scharbau-Saal der Lübecker Stadtbibliothek statt.

Der Lübecker Saal sah feierlich, ja geradezu majestätisch aus, so schön war er mit Blumen geschmückt. Meine lieben Freunde aus Tübingen sowie aus Hamburg und Umgebung waren gekommen, ebenso mein langjähriger Verleger Karl-Klaus Rabe aus Göttingen, der Berliner Autor Hans-Dieter Schütt, dessen Interviewbuch mit mir ein paar Monate später erschien (*»Nicht gegen mein Gewissen«*), und mein Laudator und Freund, der Politologe Werner Ruf, mit seiner Frau Beate aus Kassel. Mieciu, mein Mann, hatte mich natürlich begleitet, und auch mein Sohn Michael war mit von der Partie. Er ist Sänger und Schauspieler und war an diesem Märzmorgen gemeinsam mit dem Musiker und Pianisten Joachim Günther für den künstlerischen Rahmen der Veranstaltung zuständig. Sabine Kruse sagte in ihrer Begrüßungsansprache:

Sehr geehrte Damen und Herren, liebe Frau Borns, sehr geehrte Vertreter und Vertreterinnen des Landtags und der Bürgerschaft, liebe Frau Langer, lieber Frank-Thomas Gaulin,

seien Sie herzlich willkommen bei der Verleihung des Erich-Mühsam-Preises 2005. Manche von Ihnen haben eine lange Fahrt hinter sich, um dieser Feier beiwohnen zu können. Die diesjährige Preisträgerin ist Felicia Langer, Rechtsanwältin und Menschenrechtsaktivistin aus Tübingen. Dass einer der Künstler, Michael Chaim Langer, den gleichen Namen trägt, ist kein Zufall. Er ist der Sohn von Felicia und Mieciu Langer. Er und sein Kollege Joachim Günther entführen uns heute für kurze Zeit in die längst vergangene Welt des jiddischen Schtetls, wie Sie bereits gehört haben. Es sind Ausschnitte aus dem Programm »Weiber, Wahnsinn und Dämonen«.

Für die Möglichkeit, unsere Feier in einem der schönsten Säle Lübecks, im Scharbau-Saal, veranstalten zu können, danken wir dem Leiter der Stadtbibliothek, Herrn Dr. Fligge, der heute die Aufgaben des Hausmeisters übernommen hat.

Erich Mühsam beobachtete schon früh die politischen Ereignisse und kritisierte sie messerscharf. Diese Haltung brachte ihn in der wilhelminischen Ära in Konflikt mit der Obrigkeit, unter den Nazis kostete sie ihn das Leben. Als einer der Ersten wurde der menschenfreundliche und unbestechliche Literat, der vielseitige Künstler und Bohemien nach langer Folter in der Nacht vom 9. zum 10. Juli 1934 im KZ Oranienburg ermordet.

Die Erich-Mühsam-Gesellschaft hat sich zur Aufgabe gemacht, das Andenken an einen Menschen wach zu halten, der sich ohne Wenn und Aber für die Schwachen und Benachteiligten in der Gesellschaft einsetzte. Die Frage nach der Verantwortung für das eigene Handeln durchzieht sein Werk wie ein roter Faden …

Die unerbittliche Grausamkeit des israelischen Vorgehens und das Ignorieren der Genfer Konventionen im Verbund mit der Weltmacht USA demütigen die palästinensische Bevölkerung und verhindern die Entstehung eines souveränen palästinensischen Staates. Ohne Verständigung auf ein friedliches und gedeihliches Zusammenleben in der Region ist auch Israel selbst nicht sicher. Eine Lösung des Konflikts – frei von machtpolitischen Interessen – scheint eine Utopie zu sein. Aber Ideen, Utopien, Träume waren immer die Anschubkraft für grundlegende Veränderungen. Vorbedingung für jeden gangbaren Weg wäre, dem palästinensischen Volk seine Würde zurückzugeben und es gemäß international anerkannten völkerrechtlichen Bestimmungen selbst Entscheidungen fällen zu lassen.

Die Laudatio von Werner Ruf hat mich zutiefst berührt, mehr noch als jede andere zuvor. Wie verpflichtet habe ich mich gefühlt, als er sagte:

Ich denke, dieser Preis, den du heute erhältst, ist insofern etwas Besonderes, weil es eine Vielzahl von Parallelen gibt zwischen Erich Mühsam und dir. Nein: Nicht weil er Jude war. Ich weiß, dass du - wie vermutlich Erich Mühsam auch - eine solche Begründung scharf zurückweisen würdest. Eure Gemeinsamkeit ist, dass er - wie du - durch und durch Mensch war. Ein engagierter und kämpferischer Mensch. Ein Demokrat und ein Verfolgter. Einer, der sich für die Unterdrückten einsetzte, für den die Arbeit mit Strafgefangenen eine zentrale menschliche und politische Aufgabe war, der all seine Energien im Kampf für eine bessere Gesellschaft einsetzte, für den die Tätigkeit in der Roten Hilfe nicht primär karitativen, sondern vor allem politischen Charakter hatte. Seine Solidarität galt den Unterdrückten, sein Kampf der Herstellung von Gerechtigkeit. Da war er ein Kompromissloser, ein Radikaler - genau wie du!...

So wie er gegen dumpfen und primitiven Nationalismus kämpfte, mit dessen Hilfe die Völker in Kriegen aufeinander gehetzt wurden, so kämpfst du gegen Nationalismus und Fanatismus, scheust dich nicht, zuallererst die Regierung deines Staates, Israels, zu kritisieren - ganz so wie Mühsam das in seiner Anti-Kriegsschrift forderte, und ich will ihn nochmals zitieren, weil ich seine vor fast einhundert Jahren formulierten Sätze noch immer so hoch aktuell finde:

»Des *deutschen* Volks! In deutscher Sprache, für deutsche Leser, aus deutschem Empfinden schreibe ich meine Abrechnung. Daher zitiere ich deutsche Sünden vor Gericht... Französische, englische, russische, serbische Kritiker mögen ermitteln, was ihre Führer und Oberen gefehlt... haben.«

Ich meine, genau hierum muss es gehen, wenn wir zu Verständigung, gegenseitiger Achtung und letztlich zu einer friedlichen Welt kommen wollen: Wir müssen, jede und jeder für sich, erst einmal vor unserer eigenen Tür kehren!

Als ob er meine Gedanken gelesen hätte... Schon seit Jahren betrachte ich eine ähnliche poetische Aussage Bertolt Brechts als eine Art Wegweiser. Hier meine Dankesrede:

Sehr geehrte Erich-Mühsam-Gesellschaft, sehr geehrte Damen und Herren, lieber Professor Werner Ruf, liebe Freunde,

seit ich benachrichtigt wurde, dass ich mit einem Preis, der Erich Mühsams Namen trägt, geehrt werde, begleitet mich sein Antlitz. Das Martyrium von Erich Mühsam habe ich verinnerlicht, ich bewundere seinen Mut und empfinde tiefe Verbundenheit mit ihm. Als die Nazis den gequälten Erich Mühsam als eines ihrer ersten Opfer in der Latrine des KZ Oranienburg hängten, waren sie sich sicher, dass ihr Reich 1000 Jahre bleiben würde und dass Mühsam und ihre Verbrechen an ihm für immer in Vergessenheit geraten würden. Doch sie irrten sich. Mühsams Schriften und sein Geist haben überlebt, und das »Dritte Reich« und Mühsams Nazi-Peiniger wurden verabscheut und verflucht für die Ewigkeit. Eine Lehre für Peiniger aller Zeiten!

Mühsams Worte »Sich fügen heißt lügen« sind bis zum heutigen Tag ein Wegweiser für diejenigen, die sich für Gerechtigkeit, gegen die Obrigkeit einsetzen. Erich Mühsam hat sich auch unter Folter nicht gefügt, und seine Menschlichkeit siegte, auch über seinen qualvollen Tod hinaus.

Ich stehe hier heute vor Ihnen, voller Dankbarkeit für den Preis, der eine Ehre für mich ist, mit dem Wunsch, noch ein bisschen Zeit zu haben, um beweisen zu können, dass ich den Preis verdient habe.

»Ich habe seine Wäsche mitgenommen, sie war voll mit Blut«, schrieb Zenzl Mühsam, seine Frau, nach einem Besuch bei ihrem Mann im KZ. So eine blutige Wäsche, nach Folterungen, war meine erste Erfahrung mit einem palästinensischen Gefangenen im Gefängnis von Hebron, Westjordanland, Anfang 1968. Wenn ich über das Leid von Erich Mühsam lese, sehe ich vor mir die Wunden von Folterungen bei Suleiman Al Najab, Chalil Hijasy und anderen, die auch wie Mühsam keine Gewalt angewandt haben, die politisch gegen die Besatzung gekämpft haben, die für Frieden mit uns plädiert haben. Ihre Folterer waren keine Nazi-Schergen, sie haben sie nicht ermordet. Aber Leid ist Leid und Folter ist ein Verbrechen, überall, auch wenn die Täter die Opfer von gestern sind.

Ich sehe meine gedemütigten, geschundenen Mandanten und andere, Männer, Frauen und Kinder, deren Leid ich so hautnah erlebt habe und weiter erlebe, und in deren Namen klage ich Israels Politik an.

Israel wird als die einzige Demokratie im Nahen Osten bezeichnet. Ein Land, das unter der amerikanischen Ägide 37 Jahre die Palästinenser unter einer völkerrechtswidrigen Besatzung hält, das den Flüchtlingen ihre Rechte verweigert, das den palästinensischen Boden enteignet und kolonisiert, das die Häuser der Palästinenser zerstört und ihre Bäume entwurzelt, das mit einer Mauer (tief in den besetzten Gebieten) den Boden umzingelt und zerstückelt, das Gebiet durch Hunderte Sperren und Barrikaden blockiert. Ein Land, das Tausende palästinensische Gefangene in Gefängnissen hält und viele auch foltert, das gnadenlos die »verdächtigen« und auch oft unbeteiligte Palästinenser, Frauen und Kinder, exekutiert, unter einem Orwellschen Namen: »gezielte Tötung«. Dies mit Hilfe von ausgeklügelten Raketen und Bomben, entweder »American made« oder »American paid«.

Die Liste des Grauens ist noch länger, aber ich halte doch nur eine Dankesrede ... Noch etwas aber möchte ich betonen, was die politische Atmosphäre in Deutschland betrifft. Jede Verurteilung von Israels völkerrechtswidrigem Vorgehen gegen die Palästinenser, sogar jede Kritik an Israels Verhalten in den besetzten Gebieten, wird als Antisemitismus diffamiert. Dies ist eine Erpressung gegen eine solche Kritik, um alle mundtot zu machen, damit Israel, jeder Kritik und Verurteilung entzogen, weiter die Palästinenser, straffrei, unterdrücken kann.

Die Pläne von Scharon, der - bekanntlich - eine düstere Vergangenheit hat, sind sehr klar, und man sollte sich durch seine Friedensphraseologie nicht täuschen lassen. Er hat vor, Gaza zu verlassen, vielerorts als verbrannte Erde, ohne die Kontrolle über seine Grenzen zu verlieren, um unter diesem Deckmantel die israelische Herrschaft über das Westjordanland zu untermauern, diese Herrschaft, die schon heute ein Apartheidsystem für die Palästinenser bedeutet. Das alles unter dem Nebel eines langwierigen »Friedensprozesses« ohne Frieden, in der Hoffnung, dass die Palästinenser müde und frustriert kapitulieren werden, dass sie sich also dem israelisch-amerikanischen Diktat beugen und auf einen unabhängigen, lebensfähigen palästinensischen Staat in allen 1967 besetzten Gebieten an der Seite Israels sowie auf eine gerechte, völkerrechtliche Lösung der Flüchtlingsfrage endlich verzichten werden. Eine vergebliche Hoffnung derer, die aus der Weltgeschichte des Kolonialismus nichts gelernt haben. Eine solche Politik ist auch eine israelische Tragödie, weil sie den gerechten Frieden sabotiert.

Und deshalb ist die Einmischung der Welt, ihre Solidarität mit den Palästinensern ein Imperativ! Und deshalb ist die Solidarität mit unseren Friedenskräften ein Gebot der Stunde! Unsere Friedenskräfte, unsere Kriegsdienstverweigerer, Menschenrechts- und Frauenorganisationen sind der Hoffnungsschimmer der Gegenwart und der Zukunft, sie sind das andere Gesicht Israels. Sie haben begriffen, dass die Palästinenser für ihre Freiheit kämpfen, mit Recht, und nur wenn sie sie erreichen werden, wird das israelische Volk Sicherheit genießen können und wird die schreckliche Gewalt, die ich verurteile und deren Opfer unschuldige Israelis sind, aufhören.

Ich sehe die Verleihung des Erich-Mühsam-Preises an mich als eine Art von Anerkennung des legitimen Bestrebens des palästinensischen Volkes nach Freiheit, nach Frieden mit Gerechtigkeit und auch als eine Würdigung derjenigen bei uns, in Israel und außerhalb, die mit diesem Bestreben sich solidarisieren. Ich bedanke mich von ganzem Herzen bei der Erich-Mühsam-Gesellschaft für den Preis, der eine große Ermutigung für mich bedeutet. Ich möchte Ihnen versichern, dass ich mich auch weiterhin nicht fügen werde, weil auch für mich das Motto gilt: »Sich fügen heißt lügen«.

Danke!

Bei der Preisverleihung präsentierten Joachim Günther und mein Sohn Michael Auszüge aus ihrer musikalisch-literarischen Revue zum 100. Geburtstag von Isaac Bashevis Singer, dem Literaturnobelpreisträger von 1978. Das schöne Klavierspiel von Joachim Günther, Michaels Gesang und die jüdischen Witze, die in dieser ernsten Atmosphäre für Heiterkeit sorgten, erwärmten mein Herz.

Die Küsse von Michael und Mieciu, die Umarmungen der Freunde, alles war so schön, dass ich die glücklichste Preisträgerin aller Zeiten hätte sein können. Aber ungetrübtem Glück konnte ich mich unmöglich hingeben. Meine Gedanken kreisten vor allem um Mühsams Vermächtnis und um meinen sehnlichen Wunsch, diesem Vermächtnis gerecht zu werden. Das Bild dieses gequälten Mannes ging mir nicht mehr aus dem Kopf. Ich wusste, es würde mir zu einem ständigen Begleiter werden, und so ist es auch gekommen, obwohl natürlich auch die vielen glücklichen Augenblicke der Preisverleihung einen festen Platz in meiner Erinnerung haben.

Im Hotelzimmer war Mühsam beinahe leibhaftig bei uns: Er schaute uns von den Wänden an, wo auch seine Gedichte hingen... Eines seiner Gedichte hat es mir ganz besonders angetan:

Der Knechtschaft und dem Unrecht: Faust und Fuß
Der Not: das Auge und die offne Hand
Der Kameradschaft: Kameradengruß
Der Freiheit: Herz, Stimme und Verstand!

Meine Reise in die Vergangenheit: Westjordanland und Israel

Im April 2005 bekam ich einen Telefonanruf aus Akko in Israel. Marwan Dueri war am Apparat. Der in Israel lebende palästinensische Psychologe ist Vorsitzender der 1996 gegründeten Nichtregierungsorganisation *Adalah* (arabisch für »Gerechtigkeit«). Diese unabhängige juristische Vereinigung zur Stärkung der Menschenrechte nimmt sich vorwiegend der benachteiligten arabischen Minderheit in Israel an.

Marwan Dueri rief an, um mich und meinen Mann zu Veranstaltungen einzuladen, die zur Ehrung meines Lebenswerkes in Nazareth, Ostjerusalem, Ramallah und vielleicht auch in Bethlehem stattfinden sollten. *Adalah* wolle diese Veranstaltungen zum Thema »Menschenrechte der Palästinenser in Vergangenheit und Gegenwart« gemeinsam mit *Al Haq* (arabisch für »Recht«), einer palästinensischen Nichtregierungsorganisation mit Sitz in Ramallah, organisieren. »Die Geschichte und das Schicksal der palästinensischen Gefangenen interessiert die junge Generation sehr«, sagte Marwan Dueri.

Mieciu und ich haben die Einladung dankbar angenommen. Den Auftakt der Veranstaltungsreihe sollte am 13. Mai der »Studientag zur Ehrung des Lebenswerks von Felicia Langer« bilden, unter der Schirmherrschaft des Bürgermeisters der Stadt Nazareth, Rames Jaraisi.

Vor unserer Abreise bekam ich noch einen Anruf, diesmal aus Ramallah. Es meldete sich die Tochter einer Frau, die in den siebziger Jahren einmal meine Mandantin gewesen war, Hajjar Ahmad. Es war mir damals gelungen, für die verwitwete Mutter und ihre zehn Kinder eine Aufenthaltsgenehmigung im Westjordanland zu erkämpfen (siehe *Zorn und Hoffnung*). Die Frau am Telefon war eines dieser zehn Kinder. Sie wolle mich in Ramallah wenigstens für zehn Minuten sprechen. »Ich erinnere mich noch sehr gut«, sagte sie, »wie ich als Kind mit meiner Mutter zu dir in dein Jerusalemer Büro gekommen bin. Dass meine Füße heute palästinensischen Boden betreten, habe ich dir zu verdanken.« Der Gedanke an meinen bevorstehenden Besuch in Ramallah stimmte mich froh.

Ob man allerdings im Westjordanland jemanden treffen kann, und sei es auch nur für zehn Minuten, das entscheidet immer noch das israelische Militär...

Meine Kollegin, die jüdisch-israelische Rechtsanwältin Lea Tsemel aus Jerusalem, beantragte für mich eine Genehmigung für den Besuch Ramallahs und Bethlehems. Als israelische Staatsbürgerin darf ich die laut Oslo-Abkommen »autonomen« Gebiete innerhalb des besetzten Westjordanlands ohne eine solche Genehmigung nicht betreten. Doch die zuständige israelische Militärbehörde lehnte den Antrag ohne jede Begründung ab.

Unser Flug nach Tel Aviv geht am 12. Mai. Am Ben-Gurion-Flughafen angekommen, staunen Mieciu und ich über den neuen Terminal. Er hat etwas Grandioses an sich. Er mag ja vielleicht schön aussehen, aber uns erscheint er viel zu groß für so ein kleines Land. Und außerdem: Der Weg will schier kein Ende nehmen. »Was für ein Größenwahn!«, denken wir beide und laufen und laufen …

Zu unserer freudigen Überraschung werden wir von Elham Salameh und Mechthild Kreye, unserer deutschen Freundin, die zusammen mit ihrem Mann Hans Karl Henne hier arbeitet, in Empfang genommen. Sogar Blumen haben sie mitgebracht! Eigentlich hätte uns die für *Adalah* arbeitende Rechtsanwältin Abir Baker am Flughafen abholen sollen, aber sie hat sich verspätet. Als Araberin wurde sie erst einmal von der Polizei festgehalten und ausgiebig befragt; dass sie israelische Staatsbürgerin ist, tat nichts zur Sache. Abir hatte sich geweigert, einige der Fragen zu beantworten, weil sie schlicht irrelevant waren, aber die ganze Prozedur hat sie viel Zeit gekostet. Sie ist genervt, die zierliche junge Frau, und ich fühle mich schon wie zu Hause … Solche Schikanen mussten meine arabischen Kollegen auch früher schon so oft über sich ergehen lassen.

Wir fahren nach Nazareth. Ich beobachte die mir so vertraute Landschaft, alles ist schon ein bisschen gelb, die grüne Frische ist schon weg. Abir fragt mich nach meinen Erfahrungen als Anwältin. Sie möchte gern wissen, ob ich mich mit meinen Mandanten identifiziert habe. Sie selbst bleibe eher auf Distanz, sagt sie. »Nein, auf Distanz geblieben, bin ich nie«, antworte ich ihr. »Ich war damals allerdings auch älter, als du es heute bist.«

Für den Abend steht ein Besuch bei Nayla Zayad auf dem Programm. Sie ist die Witwe des 1994 bei einem Verkehrsunfall ums Leben gekommenen Bürgermeisters von Nazareth, Tawfiq Zayad. Er war ein bekannter Dichter, ein

Volkstribun und für Mieciu und mich noch dazu ein Freund. Schon auf der Treppe zu dem Haus, wo wir uns immer mit Tawfiq getroffen haben, sind Mieciu und ich irgendwie aufgeregt. Nayla freut sich auf uns, sie hat den Tisch wunderschön gedeckt. Es herrscht eine angenehme, herzliche Atmosphäre. Die orientalischen Speisen sind vorzüglich. Mieciu und ich genießen den Abend, das Reden über die Vergangenheit...

Unsere Freunde kommen auf eine herrliche, für mich unvergessliche Geschichte zu sprechen. Vor 30 Jahren, als Tawfiq bei den Gemeinderats- und Bürgermeisterwahlen in Nazareth als Kandidat der linken »Front für Demokratie und Frieden« im Wahlkampf stand, habe ich ihm einen Brief geschrieben. Ich verriet ihm, dass der Wahltag, der 9. Dezember, mein Geburtstag sein würde, und ich bat ihn um ein Geschenk: den Sieg der Demokratischen Front! Dieses Geschenk hat er mir mit dem größten Vergnügen gemacht. Und seit jenem Tag regiert die Demokratische Front in Nazareth.

Am nächsten Tag soll die Veranstaltung stattfinden, im selben Hotel, in dem Mieciu und ich wohnen. Bevor es so weit ist, bekommen wir noch Besuch von Rauia, meiner geliebten Sekretärin von damals. Sie hat mir eine wunderschöne Brosche mitgebracht. Auch Dr. Ahmad Badran, Michaels bester Freund aus Studienzeiten in Deutschland, kommt vorbei. Wir freuen uns riesig, denn wir haben ihn seit vielen Jahren nicht gesehen.

Als wir uns schließlich um 13.30 Uhr zum Hotelsaal begeben, warten schon einige Gäste auf uns. Viele alte Bekannte sind darunter, ehemalige Mandanten aus dem syrischen Golan, Drusen, mit denen mich Freundschaft und noch mehr verbindet: Hail Abu Dschabel, Scheich Ahmad Kadamani, Jamil Bathish und andere. Jeder Einzelne will wissen, ob ich ihn noch wieder erkenne, ob ich noch seinen Namen weiß. Ich habe keinen vergessen. Ich fühle mich glücklich, umzingelt von Menschen, die mich so mögen und die ein Teil von mir geworden sind.

Der Saal ist voll, rund 130 Zuhörer haben sich eingefunden. Ich setze mich auf das Podium zu Bürgermeister Rames Jaraisi, den ich seit langem kenne, und zu Marwan Dueri, den ich erst jetzt kennen gelernt habe - ein sehr sympathischer junger Mann, der nun eine kleine Begrüßungsansprache auf Arabisch hält. Er spricht über mein Leben und meine Arbeit und zitiert meinen Schwur von 1967, dass ich fortan für die Rechte der Palästinenser kämpfen würde. Rames Jaraisi spricht ebenfalls einige einleitende Worte auf Arabisch. Der Bürgermeister berichtet von der Sitzung, auf der vor vielen Jahren, 1990, beschlossen wurde, mich zu einer Ehrenbürgerin der Stadt zu ernennen.

Ich begreife die besondere Bedeutung der Stunde, bedanke mich und bin froh und glücklich, dass ich das hier erleben darf. Ich habe eine lange Rede vorbereitet, um der jungen Generation ihren Wunsch zu erfüllen, etwas über die Vergangenheit zu erfahren. Meine Rede trägt den Titel »Die Erfahrung der Vergangenheit im Spiegel von heute: Israel und die Menschenrechte der Palästinenser«. Die jungen Leute wollen hören, wie es war, damals, in den ersten Jahren der israelischen Besatzung, und sie wollen es von jemandem hören, der es hautnah erlebt hat. Ich nehme sie also mit auf eine Zeitreise:

Liebe *Adalah*-Mitglieder, liebe *Al-Haq*-Mitglieder, lieber Bürgermeister von Nazareth,

ich danke euch sehr herzlich für die Gelegenheit, hier heute vor euch zu sprechen zu können, und für eure Ehrung meines Lebenswerks.

Ich beginne meinen Vortrag mit dem Jahr 1950, als ich gemeinsam mit meinem Mann im Rahmen der Familienzusammenführung nach Israel kam. Es sollte nicht lange dauern, bis mir klar wurde, dass es die Möglichkeit der Familienzusammenführung nur für Juden gab. Ich war noch nicht einmal 20 Jahre alt und kam in ein mir vollkommen unbekanntes Land, verheiratet mit einem Holocaust-Überlebenden. Mein Mann hatte fünf Nazi-Konzentrationslager überlebt und war der einzige Überlebende seiner Familie.* In meiner Familie hatten nur meine Mutter und ich überlebt, als Flüchtlinge in der Sowjetunion.

Von Anfang an sah ich mich mit der Diskriminierung der unter Militärherrschaft stehenden Palästinenser in Israel konfrontiert. Ich sah, wo Israel 1948 und auch noch danach palästinensische Dörfer zerstört hatte. Ich hörte vom bitteren Los der palästinensischen Flüchtlinge, die 1948 und auch noch danach vertrieben worden oder aufgrund der gegen die palästinensische Bevölkerung gerichteten Massaker geflohen waren. Schon damals erkannte ich das Aus-

* Siehe *Miecius später Bericht*

maß der palästinensischen Tragödie und Israels Verantwortung dafür. Dieses Bewusstsein hat mein Leben geprägt, bis zum heutigen Tag.

Schon damals war ich zu dem Schluss gekommen, dass ein gerechter Friede zwischen Israel und den Palästinensern nur möglich sein wird, wenn Israel seine Verantwortung für die palästinensische Tragödie eingesteht, mit allem, was dazu gehört.

Anlässlich seines 50. Todestages feiert die Welt in diesem Jahr Albert Einstein, der nicht nur ein genialer Wissenschaftler war, sondern sich auch stark für Frieden engagierte. Im Jahr 1954 sagte er, das jüdische Volk, das selbst so schwer unter Vorurteil und Unterdrückung gelitten habe, müsse völ-liges Verständnis für die Notwendigkeit haben, der arabischen Minderheit in Israel Freiheit, Demokratie und volle Gleichberechtigung einzuräumen.*

Für die Palästinenser in Israel waren die Jahre seit der Staatsgründung Jahre der Diskriminierung und Enteignung, Jahre der »Judaisierung Galiläas«. Und die Demokratie, in der sie leben, ist nur eine halbe: eine Demokratie nur für Juden … Den traurigen Höhepunkt dieses Unrechts bildete die Tötung von 13 palästinensischen Staatsbürgern Israels, die im Oktober 2000 an einer Demonstration teilnahmen.

»Jede israelische Generation legt die Grenzen des Staates Israel von neuem fest«, verkündeten die zionistischen Gründungsväter Israels. Gebietserweiterung war für sie oberstes Gebot.

* Siehe Einstein, *Über den Frieden*

Die Maximen des Völkerrechts, nach denen Kriege, zumal Präventivkriege, verboten sind (siehe die UN-Charta), bereiteten den israelischen Regierungen kein Kopfzerbrechen. Ihnen genügte die bedingungslose Unterstützung durch Amerika. Sie verließen sich darauf, dass die Vereinigten Staaten von ihrem Vetorecht im UN-Sicherheitsrat Gebrauch machen und die Verabschiedung jeder bedeutungsvollen Resolution verhindern würden.

Die israelischen Regierungen zögerten nicht, Millionen jüdischer Holocaust-Opfer in zynischer Weise zu missbrauchen, indem sie sie dazu benutzten, jede Verurteilung, ja selbst jede Kritik an den illegalen Praktiken Israels in den besetzten Gebieten zu unterdrücken. Das Vermächtnis der Opfer, der Opfer des Faschismus, wurde somit mit Füßen getreten.

Im Jahr 1967 besetzte Israel das Westjordanland, den Gazastreifen, die syrischen Golanhöhen und die Sinai-Halbinsel. (Auf Letztere werde ich hier nicht näher eingehen.)

Israel hat von Anfang an deutlich gemacht, dass es gar nicht daran dachte, sich um die Rechte der Bevölkerung in den besetzten Gebieten zu scheren. Diese Verachtung des Völkerrechts trat mit der illegalen Annektierung zunächst Ostjerusalems und später der Golanhöhen offen zu Tage. Israel hat auch erklärt, dass die IV. Genfer Konvention über den Schutz von Zivilpersonen in Kriegszeiten von 1949 nicht auf die Einwohner der besetzten Gebiete anwendbar sei. Diese israelische Rechtsauffassung steht allerdings im Widerspruch zu Resolutionen der Vereinten Nationen und den gelehrten Meinungen der überwiegenden Mehrheit renommierter Völkerrechtsexperten in aller Welt. Die von Israel in den besetzten Gebieten verfügte und angewandte Militärgerichtsbarkeit diente der Unterwerfung und Unterdrückung der Palästinenser. Clemenceau, der berühmte französische Politiker, hat einmal gesagt, Militärmusik habe mit Musik genauso viel zu tun wie Militärjustiz mit Gerechtigkeit …

Während der Besatzung waren die Gefängnisse – nun, sagen wir: gut besucht. Mehr als 600 000 Palästinenser wurden ins Gefängnis gesteckt, eine ungeheuerliche Zahl. Die palästinensische Gesellschaft hat die Gefangenen immer als ihre geliebten Repräsentanten betrachtet, und das tut sie noch heute. Zurzeit, also zehn Jahre nach Beginn des so genannten Friedensprozesses, befinden sich über 7 000 palästinensische Gefangene in israelischen Gefängnissen.

Als ich die Bilder der gefolterten Iraker von Abu Ghraib sah, musste ich unweigerlich an den Beginn meiner Tätigkeit in den besetzten Gebieten denken, an die Zeit um 1967/68. Ich sah vor mir das blutbefleckte Hemd vom inhaftierten Sohn des Imams Al Buchari aus Ramallah; die Wunden, die Suleiman Al Najab, Chalil Hijasy und anderen durch ihre Folterer zugefügt worden waren; die Gesichter der Häftlinge von den Golanhöhen … Ein amerikanischer Anwalt, der einen der Folterer von Abu Ghraib vertrat, sagte, die Angeklagten hätten Methoden benutzt, die Israel in den besetzten Gebieten erprobt habe. Ja, da hatte er Recht, das kann ich bezeugen. Der Unterschied besteht lediglich darin, dass »unsere« Folterer ihre Taten und Opfer nicht auch noch gefilmt haben … Aber ich, ich habe sie gefilmt, ohne Kamera. In all diesen Jahren habe ich versucht, die Folterungen sichtbar zu machen – im Nachhinein, mit Worten, damit niemand je wird sagen können, so etwas habe es in israelischen Gefängnissen nicht gegeben.

Am 2. Juli 1974 erhielt ich vom Obersten Gericht in Israel eine Sondergenehmigung für einen Besuch bei meinen Mandanten in Jalame, die ohne jede Möglichkeit der Verbindung mit der Außenwelt gelassen wurden. Aus dem Bericht, den ich nach diesem Gefängnisbesuch verfasste*, möchte ich euch etwas vorlesen:

Der Mann, der den Besuch überwachen sollte, nannte sich Abu Nabil. Ein »netter« Agent des Schin Bet, der die Gefangenen nie schlug und keinen Anlass zu Klagen gab. Abu Nabil spielte die Rolle des »guten Verhörers«, sagten mir die Häftlinge gelegentlich, »so einer, der zu dir kommt, wenn die anderen dich bereits genügend geschlagen haben, und dich aus ihren Händen ›rettet‹ – vorausgesetzt, natürlich, du redest.«

Wir saßen in einem großen Zimmer. Abu Nabil setzte sich mir gegenüber. Als Erster wurde Suleiman zu mir geführt. Ich erschrak bei seinem Anblick – ausgelöschte Augen, merkwürdige Haltung des Halses, geneigter Kopf. Das Traurigste überhaupt war sein Lächeln, das die Augen nicht zum Leuchten brachte. Ich bat ihn, mir alles zu erzählen.

»Ich will Ihnen erzählen, was ich Ihnen schon bei unserem Treffen in Ramallah erzählt hätte, wenn Abu El-Abed mich nicht daran gehindert hätte«, sagte er.

Und dies sind die Worte, wie ich sie aus seinem Munde vernahm, während Abu Nabil die Ohren spitzte:

»Am 4. Juni wurde ich in ein Militärgefängnis gebracht, wahrscheinlich Sarafend. Am darauf folgenden Tag führte man mich

* Mit geringfügigen Änderungen zitiert nach *Zorn und Hoffnung*

gefesselt ins Büro und fing an, auf mich einzuschlagen. Das ging dann drei Tage so weiter, immer wieder die gleichen Schläge. Danach wurde ich zur Einzelhaft in eine Zelle von etwa einem halben Quadratmeter Grundfläche und etwa 1,60 Meter Höhe gebracht. Der Fußboden war voller spitzer Steine, und jede Bewegung, die ich dort machte, führte zu neuen Wunden. Ich war splitternackt. Von dort wurde ich von Soldaten, die mir einen Sack über den Kopf stülpten, in den Hof geführt. Sie zwangen mich, nackt wie ich war, auf allen Vieren zu kriechen. Als ich dies ihrer Meinung nach zu langsam tat, schlugen sie auf mich ein. Als die ganze Haut an meinen Knien abgeschürft war, weigerte ich mich, weiterzumachen. Die Soldaten schlugen mich erneut. Ich habe meinen Kopf am Boden aufgeschlagen. Dann wurde ich in die Zelle zurückgebracht. Die Untersuchungsbeamten sagten, es sei besser, wenn ich dort stürbe. Ich wurde für etwa 48 Stunden in diesen engen Bunker gesteckt, wobei ich des Öfteren gezwungen wurde, einen Stuhl in die Hände zu nehmen und ihn auf einem Bein stehend hochzuhalten. Eine Stunde lang. Danach wurde ich in das Ramallah-Gefängnis gebracht. Dort war ich bis zum 14. Juni – das war der Tag, an dem Sie mich gesehen haben. Die Spuren an meinen Beinen waren noch ganz frisch, aber Abu El-Abed verbot mir, sie Ihnen zu zeigen.«

Suleiman krempelte seine Hosenbeine bis über die Knie hoch, zeigte mir in Anwesenheit von Abu Nabil die neue Haut, die an seinen Knien die Wunden überdeckte. Anschließend fuhr er fort:

»Als wir uns sahen, äußerte ich die Befürchtung, dass ich wieder den Folterungen unterzogen würde, und so war es dann auch. Am selben Tag um 17 Uhr führte man mich zu einem Militärgefängnis, und dort wurde ich wieder in den Bunker, in so eine winzige Zelle, wie ich sie bereits geschildert habe, gesperrt. Ich bin dort bis Sonntag geblieben; anschließend führte man mich zum Gefängnisbüro und begann, mich am ganzen Körper zu schlagen, auch auf meine Geschlechtsteile. Die Untersuchungsbeamten sprühten meine Hoden mit irgendeinem scharfen Spray ein; das war ein Gefühl, als würden sie verbrennen. Mit demselben Spray hat man mir auch meine Brustwarzen eingesprüht.«

Suleiman zeigte mir seine Brust, und ich sah, dass die Haut an seinen Brustwarzen abgeschält und die Schicht darunter ganz rot war und so aussah wie neue Haut nach einer Verbrennung.

Suleiman fuhr fort: »Wieder wurde ich in den Bunker geführt, und dort blieb ich bis zum 21. Juni. Wieder besprühte man mich mit dem gleichen Spray. Man hängte mich auch an den Armen an den Fenstergittern auf. Diese Folterungen dauerten bis zum 28. Juni an, dem Tag, an dem ich in dieses Gefängnis gebracht wurde. Jetzt hält man mich im Bunker fest, dessen einziges Fenster geschlossen ist. Als ich sagte, dass ich keine Luft bekäme, sagte man mir, dass ich ohnehin sterben müsse.«

Mit zitternden Händen schrieb ich mit und sagte zu Abu Nabil: »Merken Sie sich gut, was Sie jetzt gesehen und gehört haben. Es kommt der Tag, an dem Sie dies bezeugen müssen.«

Als Zweiter wurde Chalil Hijasi, den ich zum ersten Mal sah, in das Zimmer geführt. Er konnte kaum gehen; seine Beine waren nach außen gespreizt. Später erzählte er mir, dass die Verätzungen an seinen Hoden ihm fürchterliche Schmerzen bereitet hatten. Als er meine erschrockene Reaktion auf seinen Gang bemerkte, versuchte er, mich aufzumuntern. Bereits damals lernte ich den besonderen Humor dieses gequälten Mannes kennen.

Und dies ist seine Geschichte: »Nach meiner Festnahme wurde ich geschlagen und gefoltert. Ich habe meinen Rechtsanwälten Chana Nakara und Ali Rafa darüber berichtet, als sie mich im Gefängnis von Nablus besuchten. Das war ungefähr am 4. Juni 1974. Anschließend wurde ich ins Militärgefängnis gebracht, wo man mir den Kopf blutig schlug. Diese Wunden wurden dann medizinisch behandelt. Man fesselte meine Hände hinter dem Rücken und schlug mit Stöcken auf meine Fußsohlen.«

Chalil zeigte mir später, in Anwesenheit von Abu Nabil, seine Fußsohlen. Ich sah die zerplatzten, sich schälenden Hautfetzen und schwarze Spuren neben den Fußzehen. Im Bereich beider Fußgelenke sah ich verheilende Wunden. Chalil erklärte, dass er gefesselt worden war und dass die Untersuchungsbeamten gelegentlich auf die eisernen Fußfesseln getreten und ihn dadurch verletzt hatten.

Er fuhr fort: »Zehn Tage lang konnte ich nicht mit den Füßen auftreten. Essen konnte ich auch nicht, wegen der Schmerzen am Kiefer, die mir durch Faustschläge der Verhörer zugefügt worden sind. Dieser Mann, der uns gegenübersitzt, war menschlich zu mir. Er hat sie sogar darum gebeten, mit dem Foltern aufzuhören. Die Beamten haben auch auf meine Hoden geschlagen und sie mit Spray besprüht. Sie holten auch Soldaten herbei, damit sie ihren Spaß hatten, zu sehen, wie man mich quälte. Nach der Besprühung schwollen meine Hoden an, und ich bat um ärztliche Behandlung.«

Wieder wandte ich mich an Abu Nabil. Ich forderte ihn auf, sich Chalils Beine sehr genau anzusehen. Nie war ich so wütend gewesen wie in diesem Augenblick. Doch Chalil blieb frohen Mutes, trotz all seiner Wunden und Schmerzen. Er sah mich und Abu Nabil an und sagte: »Wenn ich über Frieden und die Möglichkeit von Koexistenz sprach, schlugen sie mich um so heftiger. Haben die sich darüber denn so sehr geärgert?«

Ja, lieber Chalil, Friedfertigkeit bringt sie ganz besonders in Rage ... Das zeigt wieder einmal, dass Israels Friedensrhetorik damals nicht weniger heuchlerisch und trügerisch war, als sie es heute ist.

Vor dem Obersten Gericht bestand Abu Nabil darauf, dass er bei meinem eben erwähnten Gefängnisbesuch in Jalame keinerlei Anzeichen von Folter gesehen habe, und Richter Chaim Cohen befand, es sei mir nicht gelungen, das Gericht von der Richtigkeit der Foltervorwürfe zu überzeugen.

Nicht alle überlebten die Gefängnisqualen. Manche Häftlinge wurden regelrecht zu Tode gefoltert. Ich habe diese Fälle schon mit vielen hundert Worten beschrieben, damit die Welt davon erfährt. Worte wie Grabsteine ...

Es wurden auch Menschen zu Tode geprügelt durch israelische Soldaten. Ahmad Dahdoul aus Salfit im Jahr 1976. Khader Tharasy im Gazastreifen im Jahr 1988.

Im Jahr 1987 begann der gewaltfreie Aufstand der Palästinenser, die erste Intifada. Ich habe darüber in meiner Autobiografie *Zorn und Hoffnung* geschrieben. Damals begannen sich die Akten der von israelischen Soldaten getöteten Palästinenser auf meinem Schreibtisch zu türmen. Ich war zu einer Anwältin der Toten geworden.

Menschen wurden auf offener Straße erschossen, während sie ihre Angehörigen zu Grabe trugen. Es gab den »Schwarzen Tag von Nablus«, den »Schwarzen Tag von Rafah«. Man kann sich nur fragen, wie viele Schwarze Tage, Monate und Jahre die Palästinenser noch ertragen sollen ...

Dass die Besatzung die Seelen der Besatzer verdirbt, war schon in den Anfangsjahren nicht zu übersehen. Der moralische Verfall der israelischen Gesellschaft hat also eine lange Geschichte. Ich könnte viele Beispiele dafür nennen. Hier ist eines aus dem Oktober 1982*:

»Gojim** kannst du nie vertrauen, selbst wenn sie 40 Jahre im Grab gelegen haben.«

»Alle Gojim sind Huren«, sagt ein Anderer zustimmend.

»Sie mag keine Goia sein, aber ich schwöre, sie ist schlimmer als dieser Dreck. Man sollte sie aufhängen oder in die Luft jagen. Amen!«

* Mit geringfügigen Änderungen zitiert nach *Zeit der Steine*, ebenso die beiden folgenden Momentaufnahmen aus den Jahren 1980 und 1982

** Gojim: jüdische Bezeichnung für Nichtjuden

Ich kann sie aus meinem Augenwinkel sehen. Junge Soldaten und Grenzpolizisten.

Einige von ihnen sind beauftragt, arabische Häftlinge in einem Behelfsgefängnis, das unter militärischer Verwaltung steht, zu bewachen. Sie begleiten die Männer vom Gefängnis zur Arbeit.

Ich grüße die Gefangenen, und sie erwidern den Gruß. Unsere Blicke treffen sich. Das erregt den Zorn der Bewacher. Bald werden die Häftlinge in ihre Zellen zurückgebracht; weit weg von meinen Blicken erwartet sie ihr Schicksal.

Nach jedem Ereignis dieser Art bin ich empört, trage Beschwerden vor, versuche, das Gewissen derer wachzurütteln, die noch nicht ihre Menschlichkeit verloren haben. Manchmal habe ich Erfolg, und die Haftbedingungen verbessern sich vorübergehend. Doch dann fängt alles wieder von vorne an.

Der Mann mit Gewissen ist diesmal ein Reserveoffizier mittleren Alters. »Wenn ich, wie jetzt, für das Gefängnis verantwortlich bin, brauchen Sie sich keine Sorgen zu machen. Keiner würde es wagen, den Gefangenen etwas zu tun. Aber wenn ich nicht hier bin - Gott weiß, was dann passiert. Das ist ihnen völlig gleich. Sie sind nicht die Einzige, die sie bedrohen - mich wollen sie umbringen, wenn ich weiter die Araber beschütze.«

Die jungen Soldaten nähern sich uns. Der, der entschlossen erklärt hatte, dass auch 40 Jahre Grab einen Goi nicht glaubwürdig machen würden, spricht wieder.

»Es gibt keinen Grund, ihnen den Prozess zu machen. Das ist doch pure Zeitverschwendung. Sie sollten getötet werden, alle, einer nach dem anderen, junge wie alte. Ich würde sie eigenhändig erschießen.«

Um das zu unterstreichen, drückt er den Finger an seine Schläfe. Die Augen dieses Soldaten, sein abgrundtiefer Hass und das einfältige Grinsen, das sich über sein kindliches Gesicht zieht, haben etwas Bedrohliches.

Keiner protestiert, und ein anderes Mitglied der Gruppe liefert die Erklärung.

»Er hat Recht. Sie schmeißen Steine. Ja, sie bekämpfen uns,

diese Huren. Ich sage: Radiert sie aus! Das sind Terroristen, die Sie verteidigen.«

»Dies ist ihre Heimat«, versuche ich zu antworten, doch bevor ich meine Erklärung weiter ausführen kann, gehen die Worte in einem Schwall von Spott und Gelächter unter. Und ein junger Mann verkündet entschieden, endgültig und in gewisser Weise schlüssig: »Sie sollten alle liquidiert werden, nichts anderes.«

»Sie hätten sich als Freiwilliger für Sabra und Shatila* melden sollen«, platzt es aus mir heraus, und sofort bin ich über das, was ich gesagt habe, erschrocken.

Doch es gibt gar keinen Grund zur Panik. Die Soldaten nehmen meine wütende Bemerkung eher locker.

»Keine Sorge, wir werden schon noch andere Gelegenheiten bekommen, so Gott will.«

Ich schätze, sie waren drei Jahre alt, als die Besatzung begann. Sie sind in Elendsvierteln aufgewachsen, vernachlässigt worden, aus erstickenden, beengenden Verhältnissen, die es in Israel gibt, in die große Weite, die es hier gibt, gebracht worden.

Statt Brot und Spiele haben sie Gewehre und Knüppel erhalten und die Möglichkeit, Araber zusammenzuschlagen.

Der Reserveoffizier gibt mir zu verstehen, ich solle gehen, und flüstert, sie seien zu allem fähig. Er nimmt mich beiseite und erklärt, dass diese Jungen vom Rande der Gesellschaft kämen. Er kenne sie gut. Man habe sie eingezogen, um sie vor der Kriminalität zu bewahren und ihnen eine neue Chance zu bieten.

»Was für eine Chance?«, erwidere ich. »Sie begehen hier weit schwerere Verbrechen als dort, wo sie herkamen. Und hier werden sie unheilbar verdorben.«

Die Besatzungsmacht hat mit palästinensischen Kindern keine Gnade. Während der gewaltfreien ersten Intifada

* Gemeint sind die von der mit Israel verbündeten libanesischen Miliz während des Libanonkriegs im September 1982 verübten Massaker an der palästinensischen Zivilbevölkerung in den Flüchtlingslagern Sabra und Shatila.

wurden Hunderte von ihnen getötet. Bei der zweiten Intifada waren es noch mehr. Auch die Zahl der verletzten Kinder ist beängstigend hoch. Wie wurden die palästinensischen Kinder damals von der Besatzungsmacht behandelt? Hier eine meiner Momentaufnahmen aus dem Jahr 1982:

Sie sind namenlose Opfer, die sich nicht mit einer einzigen Zeile in der Presse trösten können. Wenn sie überhaupt in den Zeitungen vorkommen, dann irgendwo am Rande. Sie werden beschrieben als »Unruhestifter«, »Aufrührer« oder bestenfalls als die »Einheimischen«.

Ein Heer palästinensischer Kinder liegt mit gebrochenen Armen und Beinen im Rafidia-Krankenhaus in Nablus. Amjad al-Hanaby, Samer al-Dila'a, Amer Tukan, Kifah Musbah, Sa'ad Abu-Khajla, Majeed Nur. Der Lehrer Abed al-Aziz H'naisha, kein Opfer von Schusswaffen, sondern von physischer Folter, und das Mädchen Dalia Tukan.

Worte kommen aus meinem Mund, als stammten sie nicht von mir. Verschossene Patronenhülsen sind hier und da verstreut, Eigentum der israelischen Armee und verschiedener Gruppen von Siedlern. Die Verwundeten sammeln sie wie Souvenirs. Augen, die sehr wenig von der Welt gesehen haben, und kindliche Lippen mit gequältem Lächeln, um den Schmerz zu verbergen.

Nein, hier ist jedes Wort fehl am Platze, selbst Worte der Wahrheit über Kriegsverbrecher, die eines Tages zur Rechenschaft gezogen werden, die auch Verbrechen gegen mein eigenes Volk begangen und jeden Schein der Menschlichkeit verloren haben.

Schweigend streichele ich die Köpfe und fühle den Schmerz von Sa'ad und Samer und den zitternden Körper von Amjad, den sie noch folterten, nachdem sie auf ihn geschossen hatten.

Mein eigener Sohn Michael liegt hier, und sein Name ist Amjad, Samer, Sa'ad, Kifah und Majeed.

Ein dünnes, verblüffend schönes Mädchen liegt hier mit einer Bauchwunde und einem durch eine Gewehrkugel verletzten Arm. Die Kleine heißt Dalia Tukan. Jemand kämmt ihr langes Haar. Ausgebreitet fällt es auf das weiße Kissen.

Ihre schwarzen Augen sind getrübt. Ihre kleinen Füße schauen unter der Decke hervor. Sie ist dreizehn Jahre alt und wirkt winzig in dem übergroßen Bett. Dass sie nun hier liegt, verdankt sie der außerordentlichen Tapferkeit der israelischen Armee, den so genannten Verteidigungsstreitkräften, die diesen Kindern den Krieg erklärt haben.

Wir stehen am Fußende von Dalias Bett, zusammen mit Bassam*. Auch er wurde einmal blutüberströmt hierher gebracht. Ich sah ihn an jenem Tag, seine Beine amputiert, aber immer noch ein Riese. Er streckt sich zu Dalia, streichelt sie zärtlich und sagt zu ihr: »Das ist Felicia.«

Die Spur eines Lächelns geht über ihr blasses Gesicht. Wir weinen beide, und mit uns mein guter Freund, der mich heute hierher begleitet hat. Die Kinder tragen ihr Leid tapfer, mit einem Anflug von Stolz. Bassam ist von ihnen beeindruckt. Ich erinnere ihn, wie er, gerade zwei Stunden, nachdem er verwundet worden war, mich darauf aufmerksam gemacht hatte, dass ich an diesem Tag Gefangene besuchen wollte.

Eine zweite Generation von Helden wächst aus dem Boden, der getränkt ist mit dem Blut seiner Kinder.

Und in den Straßen der Stadt patrouillieren Soldaten, jeden Augenblick bereit, zu schießen und zu töten. Die zweite Generation der Unterdrücker, ein Nebenprodukt der Besatzung.

Um einen Hoffnungsschimmer in dieser dunklen Nacht zu finden, denke ich an Gaddy und die anderen.** Und es schaudert mich bei dem Gedanken, dass sie erst so wenige sind, machtlos, der Welle der Gewalt zu widerstehen, die uns zu überwältigen droht.

---

* Bassam Schaka, ehemaliger Bürgermeister von Nablus, der ein Attentat überlebte, bei der Explosion jedoch beide Beine verlor

** Gaddy und die anderen: israelische Kriegsdienstverweigerer

Doch ich bin überzeugt, dass zusammen mit der zweiten Generation von Unterdrückern auch eine zweite Generation unserer eigenen Leute heranwächst, die gegen diese Verbrechen aufbegehren wird.

Doch diese meine Hoffnung aus dem Jahr 1982 sollte sich nicht erfüllen. Die Mehrheit unserer Leute hat leider bis heute nicht gegen diese Verbrechen aufbegehrt.

Dennoch gibt es in diesem Dunkel auch immer wieder Lichtblicke, heute mehr noch als damals. Es gibt israelische Friedens- und Menschenrechtsorganisationen, engagierte israelische Rechtsanwälte und Ärzte, immer mehr Kriegsdienstverweigerer, die Frauen von *Machsom Watch** und andere. Sie alle machen uns Hoffnung auf einen Frieden mit Gerechtigkeit. Sie alle sind Teil der internationalen Solidaritätsbewegung mit den Palästinensern, eine Quelle der Ermutigung.

Seit Beginn der kolonialen Besatzung kämpfen die Palästinenser für ihr Land. Ihren Kampf gegen Enteignung mussten sie vor allen möglichen juristischen Instanzen ausfechten. Für mich war Ahmad aus Irtas im Jahr 1968 der Erste. Mit meiner bescheidenen Hilfe kämpfte er gegen die Zerstörung seines Weinberges, der der Kolonie (»Siedlung«) Gush Etzion weichen sollte. Der Mann, dessen Aufgabe es war, die Enteignung zu vollziehen, war ein israelischer Bauleiter, der sein Handwerk bei der Enteignung der Fellachen im israelischen Galiläa gelernt hatte … Auf diese Weise wird den Palästinensern systematisch Stück für Stück ihr

* Menschenrechtsorganisation israelischer Frauen, die speziell das Vorgehen der israelischen Armee an den Kontrollpunkten in den besetzten Gebieten im Blick hat

Land entrissen. Die Begeisterung, die dieser Mann dabei an den Tag legte, war beängstigend.

Zum Thema Landbesitz möchte ich euch noch eine kleine Momentaufnahme aus dem Jahr 1980 vorlesen. Ich war damals gemeinsam mit Fahed Qawasmeh – dem früheren Bürgermeister von Hebron, der aus seinem Heimatland deportiert und später in Jordanien ermordet wurde – in Washington, D.C.:

Einst schrieb Christoph Columbus an den spanischen König, dass es kein besseres Volk gäbe als jenes, das er in der Neuen Welt getroffen habe, und er fuhr fort, die edlen Sitten dieser Menschen zu übertreiben.

Die Siedler, die Columbus folgten, nannten sie die roten Indianer. Sie versuchten, ihnen das Land wegzunehmen, welches sie seit Generationen bevölkerten. Nachdem die Siedler große Teile des Landes erobert hatten, errichteten sie Reservate mit festen Grenzen, innerhalb derer die Indianer leben durften.

Die Gier der Einwanderer nach Land wuchs immer mehr, und sie brachen die Verträge und überschritten die Grenzen, die sie selbst festgelegt hatten. Sie schreckten vor nichts mehr zurück, nicht einmal vor Mord.

Um ihrer Habgier eine noble und glorreiche Fassade zu geben, erfanden die Politiker in Washington den Begriff der »Manifestation des Schicksals«. Das sollte heißen, dass die Siedler das »Herrenvolk« seien, das über die Indianer und deren Land, einschließlich seiner verborgenen Schätze, zu bestimmen habe. Die Siedler seien vom Schicksal dazu auserwählt, über Amerika zu herrschen.

Dieselben roten Indianer, die Columbus für ein angenehmes und gütiges Volk hielt, wurden im Laufe der Jahre als Wilde beschrieben. Und der denkwürdige Ausspruch »Nur ein toter Indianer ist ein guter Indianer« entwickelte sich zum Schlagwort für alle Rassisten der Welt.

Sie sitzen an einem Tisch in einem großen Raum, gebeugt über eine Landkarte mit der Überschrift: »Die existierenden und geplanten Siedlungen in Judäa und Samaria.«*

Alles um sie herum zeugt von Wohlstand und Komfort: teure und moderne Möbel, an den Wänden eindrucksvolle Gemälde. Die Chefredaktion der größten Zeitung der Neuen Welt hat ihren Sitz in einem luxuriösen Washingtoner Gebäude aus Glas und Beton. Fehlt eigentlich nur noch der Kapitalistenspruch »Geld regiert die Welt« in goldenen Lettern über dem Eingang …

Der Redakteur interessiert sich für unsere Region, besonders für die israelischen Siedlungen in den besetzten Gebieten. Als ob er sich entschuldigen wolle, fügt er schnell hinzu, dass seine Regierung gegen die Siedlungen sei.

Sein palästinensischer Gesprächspartner erwidert ebenso schnell: »Wenn Ihre Regierung gegen die Siedlungen ist, warum finanziert sie sie dann, und das auch noch zu Lasten der Armen in Ihrer Stadt?«

Eine unbequeme Frage in der Hauptstadt, deren Not leidende Bürger auf Fernsehbildschirmen in aller Welt zu sehen gewesen waren.

Er erzählt nun dem Redakteur, wie das Land seines Volkes seit Jahren geplündert wird, kontinuierlich und mit unersättlicher Gier. Die Landkarte und die Zahlen, die er in der Hand hat, beweisen es. Er erzählt von der gewaltigen Habgier verschiedener Siedlergruppen und wie sie den Landraub als »Gottes Willen« bemänteln.

Der Redakteur hört aufmerksam zu und macht sich Notizen. Eine informative Sitzung geht zu Ende. Er legt sein Notizbuch auf den Tisch. Ob wir hoffen dürfen, dass das, was es enthält, eines Tages ans Licht kommt?

Der Palästinenser faltet die Karte zusammen und wendet sich an den Redakteur: »Sie wollen uns aus unserem Land vertreiben,

* Judäa und Samaria: die offizielle israelische Bezeichnung für das palästinensische Westjordanland

aber das wird ihnen nicht gelingen. Wir bleiben dort. Die Welt wird die Vertreibung auch gar nicht zulassen. Die Zeit, in der man Indianer einfach ausrotten konnte, ist für immer vorbei.«

Es stimmt, schaffen werden sie es nicht, die Palästinenser aus ihrem Land zu vertreiben, aber sie werden auch nicht müde, es zu versuchen. Alle israelischen Regierungen einschließlich derer von Rabin und Peres haben intensiv daran gearbeitet, neue Kolonien zu errichten und die bestehenden zu erweitern. Der größte Siedlungsbauer war Ehud Barak, der »Friedensstifter«, der in Wirklichkeit natürlich nur ein großer Friedensvorgaukler war ...

Jetzt bauen die Israelis zusätzlich auch noch die Apartheidmauer, mit der sie sich große Teile des Westjordanlandes einverleiben. Damit verstoßen sie gegen das Völkerrecht, gegen das Rechtsgutachten des Internationalen Gerichtshofs in Den Haag und gegen die Resolution der UN-Generalversammlung. Doch das schert die Israelis wenig. Schließlich haben sie den Segen der USA. Das Schweigen Europas und der internationalen Gemeinschaft ist für sie ebenfalls sehr ermutigend.

Wir dürfen dieses Schweigen nicht länger hinnehmen! Ich habe keinen Zweifel, dass diese Mauer letztlich genauso wenig Bestand haben wird wie all die anderen Gettomauern zuvor. Aber wir dürfen die Aufgabe, diese Mauer niederzureißen, nicht der nächsten Generation übertragen. Wir müssen selbst dafür sorgen, dass dieses Monstrum so schnell wie möglich wieder verschwindet!

Ich will hier gar nicht aufzählen, in wie vielen Bereichen die Rechte der Palästinenser durch diese Mauer verletzt werden. Ihr selbst wisst es nur zu gut. Ich werde es bei einem einzigen Satz belassen: Die Mauer verletzt das elementarste aller Menschenrechte, indem sie es den Palästinensern unmöglich macht, im Sinne der Allgemeinen Menschenrechtserklärung ein menschenwürdiges Leben zu führen. Die Allgemeine Menschenrechtserklärung von 1948 war als Antwort auf die Verbrechen des Faschismus während des Zweiten Weltkriegs gedacht. Wie traurig, dass die früheren Opfer beziehungsweise ihre Nachkommen heute die elementaren Regeln menschlichen Zusammenlebens missachten, zumal diese doch in Reaktion auf ihr eigenes Leid formuliert wurden ...

Während all dieser Jahre habe ich die Verbrechen der Siedler gegen die Palästinenser in Hebron und anderswo im Westjordanland mit ansehen müssen. Ich habe versucht, den Opfern Gerechtigkeit zu verschaffen und die Täter vor Gericht zu stellen, doch vergeblich. Das Justizsystem der Besatzer war ein Hohn auf die Gerechtigkeit. Ich habe versucht, für die Nachwelt festzuhalten, wie dieses System funktionierte. Was wir heute beobachten, ist die Fortführung der alten Methoden. Israel, das nach wie vor Straffreiheit genießt, bedingt sich das Recht aus, den Palästinensern das Leben zur Hölle zu machen, in der Hoffnung, dass sie dann »freiwillig« gehen. Die Welt muss diese schleichende ethnische Säuberung verurteilen!

Wir erinnern uns noch an die großen Antideportationskampagnen und die Weigerung des Obersten Gerichts, sich an die klare völkerrechtliche Maxime zu halten, nach der die Deportation von Personen aus besetztem Gebiet absolut verboten ist. Anstelle der Deportationen setzt

Israel nun verstärkt auf Attentate: So genannte Terrorverdächtige werden einfach umgebracht und mit ihnen oft genug unschuldige Passanten, Frauen und Kinder oder auch Menschen, die mit dem »Verdächtigen« zufällig unter einem Dach wohnten. Diese Methode stellt Staatsterror dar. Sie ist ein Kriegsverbrechen und, nach Artikel 147 der IV. Genfer Konvention, »vorsätzlicher Mord«.

Wer es im Ausland wagt, diese abscheulichen Taten beim Namen zu nennen, wird gleich als Antisemit verunglimpft, damit jede Verurteilung der unheilvollen israelischen Politik gegenüber den Palästinensern, ja selbst jegliche Kritik daran, im Keim erstickt wird. Es gibt aber mittlerweile mehrere jüdische Gruppen, wie zum Beispiel *European Jews for a Just Peace* (Europäische Juden für einen gerechten Frieden, EJJP), die gegen dieses Erpressungssystem rebellieren.

Ich war selbst einmal ein obdachloser Flüchtling, und diese Erfahrung werde ich mein Lebtag nicht vergessen. Als ich 1967 das erste von israelischen Soldaten zerstörte palästinensische Haus sah, habe ich mich furchtbar geschämt. Dann beschloss ich, mich nicht mehr für anderer Leute Verbrechen zu schämen. Ich verachtete diese Verbrechen zutiefst und begann sie mit all meiner Kraft zu bekämpfen. Ich verneige mich vor all jenen, die diesen Kampf heute fortführen. Ich stehe auch weiterhin an ihrer Seite, trotz der geographischen Entfernung.

Israel trieb die Häuserzerstörungen systematisch voran. Alle Versuche, diese völkerrechtswidrige Maßnahme auf dem Rechtsweg abzuschaffen, waren vergebens. Heute existiert die Möglichkeit einer »gerichtlichen Überprüfung«

nicht einmal mehr auf dem Papier. Die palästinensischen Kinder und die alten Menschen, die in den Trümmern ihrer Häuser nach Medikamenten und anderen Überresten ihrer Habseligkeiten suchen, erinnern uns und die Welt an Bilder von anderen Orten aus einer anderen Zeit …

Aufgrund meiner damaligen Erfahrungen und angesichts der gegenwärtigen Situation, die ich sehr gut kenne, bleibt mir abschließend nur eines zu tun, nämlich der israelischen Regierung ihre mit schrecklicher Beharrlichkeit begangenen schweren Verstöße gegen die Menschenrechte der Palästinenser vorzuwerfen. Die von mir genannten Menschenrechtsverletzungen stellen laut Artikel 147 der IV. Genfer Konvention Kriegsverbrechen dar.

Als Antwort auf die schreckliche Beharrlichkeit der Besatzer ist allerdings auch eine Beharrlichkeit anderer Art zu beobachten, und zwar eine, die Lob und Anerkennung verdient. Ich meine die Beharrlichkeit der Palästinenser. Sie kämpfen unermüdlich gegen Besatzung und Unterdrückung und haben nicht die Absicht zu kapitulieren. Diejenigen, die auf die Kapitulation der Palästinenser hoffen, haben es offenbar versäumt, die richtige Lektion aus dem Antikolonialismuskampf anderer Nationen zu ziehen; sonst wüssten sie, dass das berechtigte Streben nach Freiheit unbesiegbar ist. Die internationale Gemeinschaft sollte dieses Streben voll und ganz unterstützen und dabei genauso viele Kräfte mobilisieren, wie sie einst für die Abschaffung der südafrikanischen Apartheid aufgebracht hat. Unterstützung dieser Art würde wesentlich dazu beitragen, im Nahen Osten einen gerechten Frieden herbeizuführen.

Liebe Freunde, eines meiner in Deutschland erschienenen Bücher trägt den Titel *Brücke der Träume*. Es handelt von meiner ganz persönlichen Brücke der Träume, die mich zu euch führt. Ich bin sehr glücklich darüber, hier und heute mit euch zusammen auf dieser Brücke zu stehen!

Ich danke euch!

Die Aufmerksamkeit und der Beifall, den ich für meine Rede bekomme, sind ermutigend. Unter den Zuhörern im Saal sind viele, die die ersten Jahre der Besatzung selbst miterlebt haben, aber es sind auch viele junge Menschen darunter, die diese Zeit nur vom Hörensagen kennen. Marwan Dueri hatte das besondere Interesse der jungen Generation am Vortrag einer Zeitzeugin und Augenzeugin ja bereits bei seinem Anruf in Deutschland erwähnt. Viele meiner jungen Zuhörer hörten einen Vortrag dieser Art zum ersten Mal; und auch für mich bedeutete diese Rede eine neue Erfahrung. Es war in all den Jahren tatsächlich das erste Mal, dass ich meine Erlebnisse so ausführlich vor Publikum ausbreitete, aber nun war es mir ein echtes Bedürfnis, sie den jungen Menschen vor Ort persönlich zu schildern.

Für den Nachmittag, nach der Pause und einem musikalischen Teil, steht eine Podiumsdiskussion auf dem Programm, in der es um die israelische (Un-)Rechtsprechung in Bezug auf die palästinensischen Gefangenen gehen soll. Die Rechtsanwälte Lea Tsemel, Fuad Sultani und Abir Baker sowie mein ehemaliger Mandant Abed el Latif Ghit, dessen Sohn derzeit im Gefängnis sitzt, sprechen über ihre Erfahrungen mit der »Gerechtigkeit« der Besatzer. Sie kommentieren die Massenverhaftungen, beschreiben die am Gericht und in den Gefängnissen herrschenden ungeheuerlichen Bedingungen und erklären, was für Steine den Rechtsanwälten heute in den Weg gelegt werden, um ihnen die Arbeit unmöglich zu machen.

Außerdem bekomme ich an diesem Tag noch viele gute und schöne Worte über mich und meine Arbeit zu hören … Und: *Adalah* macht mir noch ein weiteres Geschenk: eine Justitia-Statue mit der Inschrift »Felicia Langer, Anwältin einer gerechten Sache, *Adalah,* 13. Mai 2005«. Besonders gut gefällt mir auch die Gestaltung der Einladung zum Studientag. Darauf ist der Umschlag der hebräischen Originalausgabe meines ersten Buches aus dem Jahr 1974 (deutsch: *Mit eigenen Augen*, 1977) abgedruckt. Der Künstler, der das Umschlagbild damals gestaltet hat, Abed Abdi aus Haifa, ist sogar extra zur Tagung nach Nazareth gekommen, damit wir uns einmal persönlich kennen lernen.

Am Abend soll ein feierliches Treffen in einem Restaurant in Nazareth stattfinden, mit vielen geladenen Gästen, darunter auch der Bürgermeister und Nayla Zayad. Die Witwe des Dichters Shakeeb Jahshan schenkt mir ein Gedicht, das ihr Mann über mich geschrieben hat, auf Arabisch, Hebräisch und Englisch. Ich bin den Tränen nahe, als ich es zu Ende gelesen habe, und verspreche ihr, es in mein nächstes Buch mit aufzunehmen:

Felicia Langer

Felicia… ein Strauß Purpur-Rosen,
ein Schwarm anmutiger Wildtauben aus dem Bisan,
ein zierlicher Schwalbenflügelschlag,
ein großes weiches Herz, selbstlose Hilfsbereitschaft
verströmend,
grenzenlos wie die Süße sich öffnender reifer Feigen!

Felicia… ein Strom Mütterlichkeit,
Besonnenheit und ruhige Zuversicht ausstrahlend,
auf Wanderschaft in steter Suche nach dem Licht!

Ein Kaminfeuer im Dezember
und ein Leuchtfeuer in der Finsternis!

Meine Großmutter sagte einmal:
»Die Ferse einer freien Frau
ist reiner als der Schnurrbart
eines Mamelucken-Lakaien!«

Shakeeb Jahshan (1977)*

Die Veranstaltungen, die eigentlich in Ramallah und eventuell auch in Bethlehem hätten stattfinden sollen, müssen nach Ostjerusalem verlegt werden, weil die israelischen Behörden es ablehnen, mir die Einreise in diese beiden palästinensischen Städte zu gestatten. Den Grund für die

* Aus dem Arabischen von Fuad und Helgard Barakat

Ablehnung teilen sie mir nicht mit. Doch dann erhalte ich plötzlich doch noch eine Genehmigung für Ramallah. Es ist jetzt zwar zu spät, dort noch eine Veranstaltung mit mir zu organisieren, aber ich will doch wenigstens einen kurzen Abstecher dorthin machen, um Ex-Mandanten und Freunde zu treffen, zumal ich ja weiß, dass es ihnen unmöglich sein wird, die Alternativveranstaltung in Ostjerusalem zu besuchen. Denn auch wenn Jerusalem nur 25 Autominuten von Ramallah entfernt liegt, ist die Stadt für die Einwohner von Ramallah unerreichbar: Ohne Genehmigung können Palästinenser Jerusalem nicht betreten, und als Palästinenser bekommen sie eben keine Genehmigung.

Die lange Fahrt von Nazareth nach Ramallah führt uns durch die Judäa-Wüste. Die Wüstenlandschaft ermüdet meine Augen und meine Seele. Das war schon immer so. Aber den Gedanken, nach so vielen Jahren Ramallah wieder zu sehen, finde ich aufregend.

Um die Stadt zu erreichen, müssen wir nun den berüchtigten Qalandia-Kontrollpunkt passieren, der Ramallah von Jerusalem trennt. Zahlreiche palästinensische Taxis stehen dort, außerdem jede Menge anderer Fahrzeuge und natürlich Massen von Menschen, denn Palästinenser haben zu warten, manchmal stundenlang. Angesichts der vielen Marktstände, an denen sich die Wartenden etwas zu essen und zu trinken kaufen können, wirkt das Ganze einen Moment lang wie ein großer Basar, aber in Wirklichkeit ist das hier eine Welt für sich, und zwar eine grausame ...

Wir hingegen haben Anspruch auf eine menschenwürdige Behandlung – schließlich hat unser Auto ein gelbes Kennzeichen. Auf die Idee, von uns als Israelis zu verlangen, dass wir uns gefälligst hinten anstellen, kommt selbstverständlich niemand. Wir dürfen weiterfahren. Eine Soldatin überprüft unsere Papiere. Ihr Gesicht ist steinig bis feindselig. »Israelis fahren nach Ramallah? Verboten!« Wir zeigen ihr unsere Genehmigung. »Wer hat sie ausgestellt?«, fragt sie. Jetzt bin ich an der Reihe. »Steht da doch! Können Sie nicht lesen?« Diese Sprache versteht sie. Sie sieht den Namen des bekannten Oberbefehlshabers und winkt uns durch. Ich atme auf.

Auf den Straßen Ramallahs herrscht dichter Verkehr. Nichts geht mehr. Ich kann sie wieder erkennen, diese Stadt, in die mich meine Arbeit früher so oft geführt hat … Wir kommen nur langsam voran, aber schließlich schaffen wir es doch, zum Ort der Begegnung vorzudringen. Ich werde herzlich von Rechtsanwältin Naila Atieh begrüßt, die früher bei mir gearbeitet hat. Auch Rechtsanwalt Fathi Schbeitah umarmt mich. Beide haben Geschenke für mich. Auch Hajjar Ahmad und ihre Tochter umarmen mich, und auch sie haben mir Geschenke mitgebracht. Ich höre liebe Worte, die mich berühren, und bedanke mich.

Man stellt mir ein schönes junges Mädchen vor. Sie heißt Felicia Barghouthi, mir zu Ehren … Ich freue mich über so viele bekannte Gesichter und über die vielen schönen Blumen, die ich bekomme. Aber was die Menschen hier über ihre Lage zu berichten haben, betrübt mich sehr.

Nach dem improvisierten Treffen veröffentlichte Tahseen Elayyan, der Medienkoordinator von *Al Haq*, einen Artikel. Titel: »Ich habe zwar die Einladung verschickt, aber dabei sein durfte ich nicht!« Tahseen Elayyan schrieb unter anderem:

Es wirkt paradox, zu einem Treffen einzuladen, wenn man schon von vornherein weiß, dass man selbst nicht daran teilnehmen kann. Der Grund für mein Fernbleiben war nicht etwa Zeitmangel oder Krankheit. Nein, es war allein der Tatsache geschuldet, dass das Treffen in Jerusalem stattfinden sollte und ich diese besetzte Stadt – wie jeder Palästinenser, der in irgendeiner anderen Stadt des Westjordanlandes lebt – nur mit Genehmigung betreten darf.

Das Treffen wurde von *Al Haq, Adalah* und *Ad-Dameer* organisiert, und es war von besonderer Bedeutung, weil die bekannte israelische Rechtsanwältin und Menschenrechtsaktivistin Felicia Langer zu Gast sein würde. Nachdem sie jahrelang Palästinenser vor israelischen Gerichten verteidigt hatte, beschloss sie eines Tages, das Land zu verlassen, um ihrer »Verzweiflung« und ihrem »Abscheu« gegenüber dem israelischen Justizsystem Ausdruck zu verleihen, wie sie der *Washington Post* sagte. Bei unserem Treffen wollte Felicia über die Erfahrungen sprechen, die sie mit dem israelischen Besatzungsregime gemacht hat, als sie noch im Lande war.

Für die meisten Palästinenser ist es ein Alptraum, sich um eine Genehmigung für Jerusalem zu bemühen, denn es muss schon ein Wunder geschehen, damit sie sie erhalten, selbst wenn sie sie für einen Krankenhausbesuch benötigen. »Die Soldaten an einem der Jerusalem umgebenden Kontrollpunkte ließen mich erst durch, als ich ihnen tot vor die Füße zu fallen drohte«, sagte meine kranke 70-jährige Mutter, die vor einem Monat dringend am Auge operiert werden musste.

Wir hatten zwar schon Vorbereitungen für die Veranstaltung in Ramallah getroffen, aber da die israelischen Behörden es Felicia zunächst nicht gestatteten, hierher zu kommen, beschlossen wir, die Tagung stattdessen in Jerusalem abzuhalten. Als Felicia dann doch noch im letzten Augenblick die Genehmigung für einen Besuch in Ramallah erhielt, beschloss sie, die Gelegenheit wahrzunehmen, um sich kurz die Stadt anzusehen und hier mit ein paar ehemaligen politischen Gefangenen zusammenzukommen, die sie vor vielen Jahren einmal vor Gericht verteidigt hatte. So haben wir in Windeseile dieses kleine Treffen in Ramallah organisiert. Wir staunten nicht schlecht, als Felicia jeden einzelnen der ehemaligen politischen Gefangenen mit Namen begrüßte. So erinnerte sie sich an Bashir, an Azmi und auch an eine alte Dame, die sie *Hajjar* nannte. Die Stimmung war emotionsgeladen und herzlich, es gab jede Menge Umarmungen.

Wie kommt es, dass sich eine Anwältin noch nach Jahrzehnten so gut an ihre ehemaligen Mandanten erinnert? Sorgen die Härte und die Brutalität der Besatzer gegenüber den Gefangenen dafür, dass sich diese unauslöschlich in das Gedächtnis all jener eingraben, die mit ihnen zu tun haben?

Der Grund dafür, dass all diese Menschen Felicia in Ramallah sehen wollten, war natürlich, dass es ihnen genauso wenig wie mir möglich war, nach Jerusalem zu gelangen. Auch sie hätten zu gern Felicias Vortrag in Jerusalem gehört, aber das war ihnen nicht möglich. Mit dem Hinweis auf die angebliche Gefährdung der Sicherheit verweigert Israel beinahe sämtlichen anderswo lebenden Palästinensern die Erlaubnis, Jerusalem zu betreten.

Felicia saß nun am Tisch, zu ihrer Linken die *Hajjar*, zu ihrer Rechten eine junge Frau namens Felicia. Ihr Onkel hatte sie nach Felicia Langer benannt, um seine Dankbarkeit darüber zum Ausdruck zu bringen, dass ihn die Rechtsanwältin vor israelischen Gerichten verteidigt hatte. »Ich warte schon seit vielen Jahren auf die Gelegenheit, dich einmal persönlich zu treffen«, sagte die junge Felicia.

Wir sprechen über die Vergangenheit und die qualvolle Gegenwart. Die Menschen hier werden nicht aufgeben, aber sie brauchen Hilfe und Unterstützung. Ich versuche, ihnen Mut zu machen, und verspreche ihnen, weiterhin alles zu tun, um die nötige Solidarität mit ihnen herbeizuführen. Dann muss ich auch schon wieder aufbrechen, damit ich rechtzeitig zur Veranstaltung in Ostjerusalem bin.

Die Straße, die wir benutzen, ist, von ein paar Nichtjuden mit Sondergenehmigung abgesehen, nur für Juden da. Es ist für mich das erste Mal, dass ich eine für ein »Herrenvolk« reservierte Straße benutze. So kann man Apartheid hautnah erleben.

Am Ostjerusalemer Veranstaltungsort, einem Saal der YWCA (Young Women's Christian Association) angekommen, werde ich noch im Foyer von Freunden und einer großen Gruppe von Ex-Mandanten umzingelt. Sie freuen sich sehr, dass ich sie alle wieder erkenne und mit Namen begrüße. Mit einem so großen Andrang - über hundert Zuhörer haben sich eingefunden - hatten die Organisatoren nicht gerechnet. Auch meine deutsche Freundin, die Archäologin Christa Clammer ist gekommen, zusammen mit Mordechai Vanunu, dem so genannten Atomspion. Seinen Entschluss, die Welt über Israels geheimes Atomwaffenarsenal zu informieren, hat Vanunu mit 18 Jahren Gefängnis bezahlt. Und jetzt ist er trotz Haftentlassung immer noch ein Gefangener, denn er darf Israel nicht verlassen, keine politische Tätigkeit ausüben, sich nicht mit Journalisten treffen und so weiter.

Ich bin aufgeregt, mehr noch als in Nazareth. Das erste Mal nach 15 Jahren spreche ich in dem mir so vertrauten, besetzten Ostjerusalem zu den Opfern der Besatzung. Ich rede über ihre Vergangenheit, während sie noch tief im tagtäglichen Unrecht und Leid stecken. Mechthild und Hans Karl sind auch gekommen und beglücken mich mit ihrer Herzlichkeit. Sie kennen Mieciu und mich so gut aus

Deutschland, wo sie schon oft Veranstaltungen von mir besucht haben, und jetzt erleben sie mich also live vor den Ex-Mandanten ...

Nach der Veranstaltung fahren wir, sehr müde und ausgelaugt, zu unserem Hotel, dem »Lutheranischen Hospiz« in der Jerusalemer Altstadt. Das Hotel kommt uns vor wie eine grüne Oase: die ruhige Lage, der wunderschöne Garten, die Architektur... Es wäre beinahe idyllisch, wenn da nicht die Besatzer von nebenan wären – das Hotel hat nämlich eine illegale jüdische Siedlung zum Nachbarn. Wie im restlichen Westjordanland, so wird der Landraub auch im arabischen Ostjerusalem immer weiter vorangetrieben. Unsere Nachbarn sind offenkundig stolz auf ihren persönlichen Beitrag zur ethnischen Säuberung Ostjerusalems – oder was sollen uns die vielen israelischen Fahnen, die sie in ihrer Siedlung gehisst haben, sonst sagen? Unsere Nachbarn und die politischen und militärischen Entscheidungsträger, die sie hier, an diesem Ort, anstatt im jüdischen Westjerusalem angesiedelt haben, wissen: Mal abgesehen von der politischen, sozialen, kulturellen und religiösen Bedeutung, die diese Stadt für die Palästinenser hat, wird der zukünftige palästinensische Staat ohne Ostjerusalem als Hauptstadt wirtschaftlich nicht lebensfähig sein. Die Siedlungen stellen also sehr viel mehr dar als nur eine symbolische Provokation. Solange Israel den Palästinensern, mit welchen elenden Rechtfertigungsversuchen auch immer, ihr Recht auf einen eigenen lebensfähigen Staat vorenthält und ihnen das Leben zur Hölle macht, wird es in dieser Region keinen Frieden geben. Die Idylle trügt also.

Zum Abendessen haben uns Mechthild und Hans Karl in ihre Hotelwohnung eingeladen, zusammen mit einem deutschen Journalisten und seiner Frau. Der Journalist klagt, dass sich Israelis und Palästinenser doch sehr ähnlich seien. Er stehe ständig unter Druck und erhalte sogar Drohungen von beiden Seiten. Die Sicht, dass hier eine Seite im Recht und die andere im Unrecht sei, hält er für falsch. Ich mache ihn darauf aufmerksam, dass es bereits einen Maßstab gibt, anhand dessen sich feststellen lässt, wer im Recht und wer im Unrecht ist. »Das Völkerrecht ist der Wegweiser«, sage ich zu ihm. »Sehen wir uns doch an, wie es die beiden Seiten mit ihren völkerrechtlichen Verpflichtungen halten«, füge ich hinzu. Er erwidert, dass das zu juristisch sei. Ich gebe auf, bin wohl schon zu müde …

Am nächsten Tag besuchen wir den Suk. Der Markt ist wie immer bezaubernd. Wir sehen viele Juden mit Kippa, hören viel Englisch. Wir kaufen Mitbringsel für unsere Familie und Freunde. Ein Verkäufer erkennt mich und macht uns einen Freundschaftspreis. Ein anderer Mann, bei dem wir etwas zu trinken kaufen, will partout kein Geld von uns annehmen, als er erfährt, wer da vor ihm steht. Was für eine nette Geste! Wir sind begeistert, aber wir bezahlen unsere Getränke natürlich trotzdem …

Am 16. Mai steht die Mauerbesichtigung auf dem Programm. Mieciu, den Magenschmerzen plagen, kann leider nicht mitkommen. Einer unserer Begleiter ist Hassan Dowani vom UN-Büro für die Koordinierung humanitärer Angelegenheiten (OCHA). Wir nehmen zunächst den noch im Bau befindlichen Abschnitt bei Aisaria, einem Vorort von Ostjerusalem, in Augenschein. Diese Mauer ist ein wahres Monstrum, die Betonwände sind acht Meter hoch. Ich beobachte die Kletternden. Hassan fotografiert uns. Ein älterer Mann, ein Kanadier, der in der Nähe wohnt, erzählt uns, dass er neulich einen Herzinfarkt erlitten habe. Der Mann hatte Glück im Unglück. Dass er noch am Leben ist, verdankt er dem Umstand, dass zufällig ein Arzt in der Nähe war. Durch die Mauer ist der Ort von notärztlicher Versorgung abgeschnitten.

Die Mauer ist voller Graffiti. »Jeder hasst Apartheid«, hat jemand auf Englisch an die Mauer geschrieben. Ein paar palästinensische Jugendliche beobachten uns. An einer Stelle, an der die Mauer noch unvollendet ist, helfen sie einer Frau und ihren Kindern über die Mauer. Ich möchte unbedingt etwas sagen, um ihnen Mut zu machen. »Die Welt ist gegen diese Mauer«, sage ich, »sie wird euch unterstützen.« Sie verstehen meine Worte – ich habe es auf Arabisch gesagt –, aber es klingt nicht besonders überzeugend, hier und jetzt …

Wir sehen uns auch einen der berüchtigtsten Mauerabschnitte an – den, der Abu Dis im Osten Jerusalems umgibt. Es gibt hier viele Graffiti gegen Apartheid. Der Spruch, der mich am meisten fesselt, lautet: »Vom Warschauer Getto zum Getto von Abu Dis«. Die Frage, inwieweit ein solcher historischer Vergleich berechtigt ist, interessiert mich an dieser Stelle sehr viel weniger als die Tatsache, dass dieser Spruch das Empfinden der Einwohner widerspiegelt. Ich versuche, meinen Zorn angesichts dieser Schandmauer im Zaum zu halten, indem ich mich daran erinnere, dass ich ihm schon noch bei passender Gelegenheit freien Lauf lassen werde.

Den Abend verbringen wir in Westjerusalem – meine Kollegin Lea Tsemel hat uns zu sich nach Hause eingeladen, zu einem Empfang mit üppigem Büfett. Viele Rechtsanwälte sind gekommen, alte wie junge. Wir sprechen über unsere Pflicht, das Ausland über die Unterdrückung der Palästinenser zu informieren. Es freut mich zu hören, dass einige der jungen Rechtsanwältinnen meinem Beispiel folgend Jura studiert haben, um sich für die Menschenrechte zu engagieren. Sie berichten mir auch von den ausgeklügelten Methoden, mit denen das israelische Justizsystem heute versucht, ihre Arbeit zu behindern.

Die letzte Station unserer Reise ist die Schule »Talitha Kumi« in Beit Jala. Nach Bethlehem wollen mich die israelischen Behörden ja, wie gesagt, nicht reisen lassen, also fahren wir stattdessen nach Beit Jala, in der Nähe von Bethlehem. Weil Beit Jala in der so genannten Zone C liegt, wo eine vollständige israelische Besatzung herrscht, braucht man als Israeli keine Genehmigung für einen Besuch der Stadt. Wir hoffen, dass all meine Bethlehemer Freunde es schaffen, ebenfalls dorthin zu kommen, damit wir uns sehen können. Sie wollen es auf jeden Fall versuchen.

Die Schule liegt im Grünen. Es gibt sogar einen Wald als Schulhof. Ich möchte über diese besondere Schule etwas Interessantes und Bewegendes aus *Im Lande der Bibel* (1/2006) zitieren. Als der Philosoph Ernst Tugendhat den mit 50 000 Euro dotierten Meister-Eckhart-Preis der *Identity Foundation* zugesprochen bekam – dieser Preis wird alle zwei Jahre an Personen vergeben, die sich mit der menschlichen Identität auseinandersetzen und ihre Erkenntnisse allgemein verständlich darstellen –, spendete er das Preisgeld für diese Schule. In seiner Dankesrede sagte er:

Gewiss sieht jede Zeit das gerade gegenwärtige Elend als besonders schwer wiegend an. Und man empfindet dasjenige Unglück als besonders schlimm, das nicht nur ein objektiver Tatbestand ist wie die Naturkatastrophen, sondern von Menschen verursacht wird, speziell wenn es sich um Verfolgung und Unterdrückung handelt, und man fühlt sich zusätzlich betroffen, wenn das Geschehen in einem Zusammenhang mit einem selbst steht.

Als Jude stehe ich beschämt angesichts der Unterdrückung, der die noch im Westjordanland verbliebenen Palästinenser von Seiten ihrer jüdischen Besatzer ausgesetzt sind. Auch auf nichtjüdischer Seite steht man ja hierzulande dem Schicksal der Palästinenser nicht gleichgültig gegenüber, da man in der antisemitischen Vergangenheit Mittel- und Osteuropas eine indirekte Mitverantwortung sehen kann. So hoffe ich auf das Einverständnis der Identity-Stiftung, wenn ich den mir verliehenen Betrag an die vom Berliner Missionswerk getragene Schule »Talitha Kumi« bei Bethlehem weiterleiten werde. »Talitha Kumi« heißt auf Aramäisch: »Mädchen, steh auf«. Dieses Institut, das im 19. Jahrhundert als Mädchenpensionat gegründet wurde, ist inzwischen zu einer koedukativen, progressiven, auf Verständigung und Toleranz ausgerichteten Schule mit fast 1 000 Kindern ausgebaut worden, die vom Kindergarten bis zur Berufsausbildung reicht.

Mir wurde zugesichert, dass die Spende vorrangig für die zusätzliche Aufnahme von muslimischen Kindern aus den drei Flüchtlingslagern in Bethlehem verwendet werden soll.

Diese Schule ist einer der Lichtblicke innerhalb der schier ausweglosen Perspektive, in die die Palästinenser als Folge eines Konflikts geraten sind, der nicht von ihnen ausgegangen ist.

Bei unserem Besuch der Schule bewundern wir die gute Ausstattung. Empfangen werden wir von Schulleiter Georg

Dürr. Früher hat er das Eugen-Bolz-Gymnasium in Rottenburg geleitet; heute widmet er all seine Fähigkeiten dieser besonderen Schule hier im Westjordanland.

Ich treffe meine Ex-Mandanten, Freunde und Kollegen aus Bethlehem in einer Aula. Einer meiner früheren Mandanten, den ich als Linken kannte, steht nun als katholischer Priester vor mir. Ich bin erstaunt, und das sage ich ihm auch. Er gibt mir eine verblüffende Antwort: »Die Entfernung zwischen Jesus und Marx ist gar nicht so groß!«

Wir diskutieren miteinander über die schwierige Situation, aber ich habe schon fast keine Stimme mehr und höre lieber zu. Warum die Welt schweigt, fragen sie, doch sie kennen die Antwort bereits ...

Nach dem Treffen erkunden wir mit dem Auto die Umgebung. Wir sehen Har Homa und noch einige andere prächtig gedeihende jüdische Siedlungen und immer wieder die noch im Bau befindliche Mauer. Ihre Vollendung wird noch mehr Landraub bedeuten, und Beit Jala und Beit Sahour werden vom Umland abgeschnitten sein.

Am nächsten Tag fahren wir schön bequem mit der Bahn nach Tel Aviv. Wir quartieren uns im Hotel Imperial am Meeresstrand ein. Seit ich das Meer zum letzten Mal gesehen habe, sind schon sieben Jahre vergangen. Das Meer, das ich so geliebt habe ... Heinrich Heine sagte einmal, das Meer sei seine Seele. Meine Seele, meine Zuflucht, ist es zwar nicht mehr, das ist vorbei – ich habe das Meer mit dem Wald betrogen –, aber dennoch war es das einzig Positive an Tel Aviv, wo ich 40 Jahre meines Lebens verbracht habe.

Meine alte Gewohnheit, Taxifahrer als Informationsquellen zu nutzen, kommt wieder zum Vorschein. Ich frage einen von ihnen, wie er die gegenwärtige Lage einschätzt. Er bezeichnet sie als schwer, lobt aber Scharon. »Der ist doch der Einzige, der wirklich was tut. Zum Beispiel herrscht jetzt Ruhe, die Busse brennen nicht mehr.« Und: »Mit den Arabern kann man sowieso keinen Frieden schließen. Das ist nicht so wie in Europa mit den Deutschen und den Franzosen ...« Der Mann redet auch viel über den Anstieg der Kriminalität, insbesondere bei jungen Menschen. »Spätestens mit elf fangen die an zu klauen. Mit sechzehn bringen sie dann den Jüngeren bei, was sie bisher gelernt haben.«

Das Wiedersehen mit meiner geliebten Freundin Sala ist ein glücklicher Moment. Leider ist sie schwer durch ihre Krankheiten gezeichnet, und es fällt mir sehr schwer, sie zu trösten.

Mieciu und ich sind mit viel Wut im Bauch in Tel Aviv angekommen. Die Lage in den besetzten Gebieten hat uns sehr aufgewühlt. Mit Sala können wir uns leider überhaupt nicht über Politik unterhalten, weil sie jetzt, nach der Trennung von uns, unsere Meinung bezüglich der israelischen Politik nicht mehr teilt – jede Äußerung könnte zum Streit führen, und das wäre angesichts ihrer schlechten gesundheitlichen Verfassung unzulässig. Es fällt mir schwer, meine Eindrücke für mich zu behalten und auch meine persönlichen Glücksgefühle zu verbergen. Aber die Liebe zu Sala bleibt.

In Tel Aviv treffen wir auch unsere Freunde aus der Friedensbewegung. Wir haben ein schönes Treffen mit Schula Khinin, die sehr aktiv und munter ist. Wir sitzen in einem Café am Strand, und das Meer zeigt sich heute in seiner ganzen Pracht, wie um mir zu sagen, dass es wirklich zu schade ist, dass ich es betrogen habe ...

Auch das Treffen mit unseren alten Freunden Uzi und Matti ist sehr herzlich. Uzi hatte mich schon in Nazareth gesehen und war sehr angetan von der Resonanz. Wir sprechen mit den beiden über die aktuelle Lage, über das, was derzeit in den besetzten Gebieten passiert, über die Gleichgültigkeit der Menschen hier in Tel Aviv.

Tel Aviv ist ein anderer Planet. Von den Friedensaktivisten, die das andere Gesicht Israels darstellen, einmal abgesehen, lebt der Planet Tel Aviv nur für sich, ohne jeglichen moralischen Skrupel. Die Bewohner dieses Planeten sind zum Beispiel der Auffassung, dass es überhaupt keine »Mauer« im Westjordanland gibt – das sei bloß ein »Trennzaun«, den man jetzt wegen der »Terroristen« baue, und das sei auch gut so. Das Schicksal der Palästinenser interessiert sie nicht im Geringsten. Sie wollen nur eins: ihre Ruhe. So reden sie in Tel Aviv nach fast 40 Jahren Besatzung. So verliert man seine Seele. Traurig ist das. Sehr traurig.

Aber mit diesem düsteren Kommentar möchte ich meinen Reisebericht nicht schließen.

Die arabischsprachigen Medien in Israel und in den besetzten Gebieten haben – im Gegensatz zu den hebräischsprachigen Medien, die mich mit Nichtachtung straften – ausführlich und positiv über meinen Besuch berichtet. Der arabische Fernsehsender Kanal 2 hat mich sogar interviewt und mir Komplimente gemacht. Ich sei noch schön, wurde mir versichert ... Der Moderator, Zauhir Bahaloul, ist sehr sympathisch. Zum Interviewtermin im »Lutheranischen Hospiz« hat er auch Michaels alten Freund aus Studienzeiten in Deutschland, Dr. Badran, mitgebracht, um vor der Kamera mit ihm über mich zu sprechen. Auch Mieciu hat er interviewt. Und Mieciu, der Holocaust-Überlebende, sagte, dass das palästinensische Volk für die Verbrechen von Hitler zahlt. Leider ist diese Aussage nicht mit ausgestrahlt worden. Gesendet haben sie aber Miecius Antwort auf die Frage, wie es denn so sei, mit Felicia Langer zu leben. Er sagte: »Das ist das Schönste, was mir in meinem ganzen Leben passiert ist.«

Hier kann ich schließen, um mir ein Glücksgefühl zu gönnen …

Ich möchte nur noch betonen, dass diese Reise für mich eine der bedeutungsvollsten von allen war, die ich je unternommen habe.

Gaza, damals und heute

Erst einmal ein paar Zahlen: Der Gazastreifen ist 360 Quadratkilometer groß – oder klein. Er hat 1,4 Millionen Einwohner und ist einer der am dichtesten besiedelten Flecken der Erde: 4700 Menschen teilen sich hier einen Quadratkilometer. In Israel sind es 305 Einwohner pro Quadratkilometer. Über 60 Prozent der Einwohner im Gazastreifen sind Flüchtlinge. Acht Flüchtlingslager gibt es hier. Allein in den Jahren 2000 bis 2004 hat Israel durch seine Politik der Häuserzerstörungen 24547 Einwohner des Gazastreifens obdachlos gemacht.

Der Gazastreifen und das dort herrschende Elend sind mir seit 1968 vertraut. Bei meinem letzten Versuch, ihn zu besuchen – es war 1996 –, verweigerten die israelischen Behörden mir die Einreise. Dazu später mehr. Das letzte Mal hatte ich 1991 Gelegenheit, den Gazastreifen persönlich zu betreten. Damals lebte ich bereits in Deutschland. Hier ein Auszug aus meinen Aufzeichnungen von jener Reise vor 15 Jahren (aus *Brücke der Träume*):

Nach Gaza sollte mich ein israelischer Fotograf begleiten, der von der Deutschen Welle engagiert worden war. Er war bereits instruiert worden, wer Felicia Langer ist und was er fotografieren sollte. Zuvor wollte er mir aber von seinen Erfahrungen mit den »Ortsansässigen« berichten: »Sie sind an allem selber schuld. Du musst wissen, sie sind Experten in Public Relations. Einmal sind wir gekommen, um bei ihnen ein Wasserwerk zu fotografieren, und sie haben uns einen offenen Abwasserkanal zum Fotografieren gezeigt.«

»Aber er war da, der Kanal, sie haben den doch nicht extra dort hingetragen«, sagte ich trocken zu ihm.

»Ich habe hier gedient, in Gaza, in der regulären Armee. Ich habe die Menschen hier gründlich kennen gelernt«, erwiderte er.

Wir passierten die Sperre bei Erez. Die Soldaten standen herum, erblickten das israelische Auto und kontrollierten nicht. Nach dem Kontrollpunkt, vor der Einfahrt nach Gaza, stiegen wir in ein arabisches Auto um, wie ich es mit meinem Bekannten dort ausgemacht hatte.

Gaza empfing mich, wie Jahr für Jahr seit Beginn der Besatzung, mit Abfallhaufen, Gestank und Verwahrlosung allerorts und mit geschwärzten Wänden, an denen die Parolen der Intifada getilgt worden waren. Die Straßen der Stadt waren verödet, außer dem Markt, der jedoch laut Befehl – wir waren im Jahr der Intifada 1991 in Gaza – um ein Uhr schließen musste. Unser palästinensischer Begleiter sagte: »Sie behaupten lügnerisch, dass es die Intifada schon gar nicht mehr gibt. Aber ihr werdet gleich sehen, dass das nicht stimmt.«

Im Büro des Menschenrechtsaktivisten Radschi Sorani hörten wir Berichte über den Versuch, Beduinen im Gazastreifen zu vertreiben und sie an einen anderen Ort zu bringen, neben einen offenen Abwasserkanal.

Von dort aus fuhren wir in einem anderen Auto nach Rafah weiter. Rafah ist in jeder Hinsicht ein gefährlicher Ort, und der Fotograf wusste das ganz genau. Vor allem war es ihm unangenehm, dass die Soldaten sehen könnten, dass er zum Fotografieren kam. Er versteckte die Kamera in meinem breitkrempigen Strohhut und bedeckte den Hut auch noch mit einem Handtuch, um ganz sicher zu gehen.

Plötzlich tauchten drei Jeeps der Grenzwache auf. Sie schienen jemanden zu suchen, und wir konnten schnell passieren, ohne besondere Aufmerksamkeit zu erregen. Der Fotograf atmete erleichtert auf.

Wir fuhren am Meer entlang und kamen an einige Kontrollpunkte. Auf dem ganzen Weg nach Rafah herrschte fieberhafte Bautätigkeit. »Man enteignet Land und baut Siedlungen«, erklärte unser Begleiter.

Dann fuhren wir am Flüchtlingslager Schabura in Rafah vorbei, wo Scharon in den siebziger Jahren Hunderte von Häusern hatte zerstören lassen, um breite Schneisen für Straßen zu schlagen. Das hatte die drangvolle Enge an diesem Ort noch verstärkt. Scharen von Kindern kehrten gerade aus der Schule zurück.

Unsere erste Station war das Flüchtlingslager Rafah selbst, das direkt an der Grenze zu Ägypten liegt. Wir wollten hier die Familie Jasuri, die aus Jasur, dem jetzigen Asur, stammt, aufsuchen.

Alle leben hier in Hütten, die aus allen möglichen Materialien wie Holz, Stein, Beton und Asphalt zusammengebastelt sind. Ein offener Abwasserkanal führt durch das Lager, und der Gestank war wegen der drückenden Hitze kaum zu ertragen. Überall sah man Berge von Dreck, und die Kinder spielten zwischen den Müllhaufen.

Adli, der älteste Sohn der Familie Jasuri, die schon zwei Söhne verloren hat, brachte mich zu ihrem Haus, wo uns die Mutter der Familie, Na'ama, empfing. Ihr Gesicht war von Falten zerfurcht, ihr Kopf mit einem weißen Tuch bedeckt. Sie führte uns in ein kleines Gästezimmer und zeigte uns Basils Bild an der Wand. Ein gut geschnittenes Gesicht. Das Foto wurde während seiner Zeit im Gefängnis gemacht, kurz vor seiner Freilassung.

»Wie mein Sohn Basil starb, fragst du«, sagte sie und vermied es, mir ins Gesicht zu sehen. »Es war im zweiten Monat der Intifada, am 13. Januar 1988. In der Nacht vorher haben sie viele junge Männer verhaftet und ihnen befohlen, stundenlang im Regen und in der Kälte zu stehen, einige lagen im Schlamm, bei der Kälte. Unter ihnen war auch mein Sohn Basil. Basil ist davongelaufen und kam nach Hause zurück. Am Mittag war eine Demonstration von Schülern, die mit Gas und Gummigeschossen aufgelöst wurde. Basil rannte, weil er einem der Schüler helfen wollte, der durch das Gas verletzt worden war und auf dem Boden lag. Gerade als Basil ihn aufheben wollte, schossen die Soldaten und verwundeten ihn. Ich sah vom Haus aus, wie ein Jugendlicher auf der Straße getroffen wurde und neben dem Jungen, der vom Gas bewusstlos dalag, hinfiel, und ich wusste nicht, dass er mein Sohn Basil war.«

Basil, so hörten wir, war noch nicht tot. Vielleicht wäre es möglich gewesen, ihn zu retten. Aber hier begann die letzte Wanderschaft des palästinensischen Verwundeten, dem im örtlichen Krankenhaus nicht geholfen werden konnte und den man deshalb in ein Krankenhaus nach Israel bringen musste, und zwar durch alle Sperren hindurch, an denen sie aufgehalten wurden, ohne Erbarmen. Erst am Abend erreichten sie die Aufnahmestation des Tel-Haschomer-Krankenhauses in Tel Aviv. Basil wurde gegen 13.00 Uhr verwundet. Als er das Krankenhaus in Israel erreichte, war es bereits 19.00 Uhr. Am nächsten Morgen erlag er seinen Verletzungen. »Nicht einmal den Verband, den sie ihm in Rafah angelegt hatten, haben sie gewechselt«, sagte die Mutter und schaute mich an, und ich hörte auf, Notizen zu machen, denn ich konnte nicht mehr. Wie immer in solchen Situationen sehe ich meinen Sohn Michael vor mir. »Und du weißt ja, Felicia, wie sie begraben werden, nur fünf Leute dürfen am Begräbnis teilnehmen.«

»Ein Jahr und einen Monat nach Basils Tod«, fuhr die Mutter fort, »haben sie Achmad getötet, schau, wie hübsch er war, er war dreizehn. Die Soldaten haben ihn verwundet und ins Krankenhaus gebracht, und mein Herz ließ mich Schlimmes ahnen. Ich schrie: ›O Basil, o Basil, mach die Tür auf, dein Bruder kommt zu dir!‹ Und dann brachten sie ihn nach Tel Haschomer, obwohl wir gebeten hatten, dass sie ihn ins Krankenhaus Al-Makassed ins arabische Jerusalem bringen sollten. In der Nacht starb er. Und auch ihn durften wir nur in Anwesenheit von fünf Leuten beerdigen. Sie haben uns nicht erlaubt, ihn neben seinem Bruder Basil zu bestatten, er musste auf einem Friedhof ein paar Kilometer weiter weg begraben werden. Aber ich wollte sie zusammen begraben haben, und Aibi Nathan griff ein, und jetzt liegt einer neben dem anderen.«

Der Vater, der erkrankt war und um die Genehmigung gebeten hatte, sich in ärztliche Behandlung nach Ägypten zu begeben, hat sie zu spät erhalten, und auch das erst nach der Intervention von Ruchama Marton von der israelisch-palästinensischen Ärztevereinigung für Menschenrechte. Er starb an seiner Krankheit. »Auch er ist ein Besatzungsopfer«, sagte die Frau.

Ein etwa dreizehnjähriger Junge hörte uns zu. Was denkt er jetzt, fragte ich mich. Er ist Na'amas jüngster Sohn. Als hätte er meine Gedanken gelesen, sagte er, es gäbe auch gute Juden, und er kenne sie.

Wir verabschiedeten uns. Ich umarmte die Mutter, denn hier war kein Raum für Worte.

Auch wenn ich Rafah in den letzten Jahren nicht mehr persönlich besuchen konnte: Ich kann mir ausmalen, was von dem dortigen Flüchtlingslager nach den umfassenden Zerstörungen durch die israelische Armee im Verlauf der zweiten Intifada noch übrig geblieben ist. Die Menschenrechtsberichte und sonstigen Informationen, die ich von dort erhalte, sprechen eine deutliche Sprache. Ich frage mich oft, was wohl aus den Kindern geworden ist, aus dem Jungen, der auch gute Juden kannte …

Am 13. September 1993 wurde in Washington die »Prinzipienerklärung« zwischen Israel und der palästinensischen Befreiungsorganisation, der PLO, unterzeichnet. Das Dokument sollte als Basis für eine palästinensische Selbstverwaltung in den Gebieten des Westjordanlandes und des Gazastreifens dienen. Das Interimsabkommen, auch Oslo-Abkommen genannt, sollte für einen Zeitraum von fünf

Jahren gelten und als Vorbereitung für Verhandlungen über eine endgültige Regelung dienen (siehe *Lasst uns wie Menschen leben!* und *Quo vadis Israel?*).

Am 4. Mai 1994 wurde in Kairo die erste Stufe dieses Abkommens vereinbart: »Gaza und Jericho zuerst«. Wer glaubte, dass mit der angekündigten »Befreiung« des Gazastreifens eine Erlösung seiner Bewohner verbunden sein würde, sollte bitter enttäuscht werden. Israel sicherte sich die volle Kontrolle über 40 Prozent des Gazastreifens, 35 Prozent befanden sich in der Hand jüdischer Siedler. Das Abkommen sprach vom Schutz dieser illegalen israelischen Siedlungen (damals zirka 18 Siedlungen mit rund 8 000 Siedlern). Ich zitiere Yitzhak Rabin im Wortlaut (aus *Lasst uns wie Menschen leben!*):

»Blöcke« von Siedlungen, das heißt Siedlungen, die in Blöcken zusammengefasst werden können, werden den gemeinsamen Schutz der meisten israelischen Bewohner im Gazastreifen, mit Ausnahme zweier isolierter Siedlungen, ermöglichen. Natürlich wird die israelische Armee entlang des gesamten gemeinsamen Sicherheitszauns, der den Block zu seinem Schutz umgibt, in Position sein.

Israel hat die uneingeschränkte operationelle Befugnis, die es ihm ermöglicht, das Notwendige zu tun, um die Sicherheit der Israelis zu gewährleisten, die auf den Hauptstraßen unterwegs sind, die in die Siedlungen und die Umgebung führen.

Die Blöcke der Siedlungen umfassen auch palästinensisches Land, in dem Israel uneingeschränkt für die Sicherheit zuständig ist. Dieses Land umgibt die Siedlungen; auf den Landkarten ist es als »Gelbes Gebiet« gekennzeichnet. In diesen Gelben Gebieten gibt es auch Beschränkungen hinsichtlich der Bautätigkeit und anderer Angelegenheiten.

Schon damals war der Gazastreifen den Israelis eine Last. Rabin hat einmal gesagt, er wünschte, Gaza würde einfach im Meer versinken. Furcht erregende Wunschträume eines Friedensnobelpreisträgers …

Während eines kurzen Aufenthalts in Israel im Jahr 1996 wollte ich auch einen Abstecher in den Gazastreifen machen. Ich hatte vor, mich dort mit den palästinensischen Menschenrechtsorganisationen zu treffen. Ich hatte die Menschenrechtsverletzungen unter der palästinensischen Autonomieregierung scharf kritisiert und mich für die Menschenrechtler eingesetzt, die dort ins Gefängnis gesteckt worden waren (siehe *Lasst uns wie Menschen leben!*). Ein persönliches Treffen war den Gruppen vor Ort ebenso wichtig wie mir.

Es gelang Tamar Peleg, einer Menschenrechtsanwältin aus Tel Aviv, mit viel Mühe, mir eine Einreisegenehmigung für Gaza zu beschaffen. Die Genehmigung kam von höchster Stelle: der Staatsanwaltschaft in Jerusalem. Doch auch der Verweis auf die Genehmigung durch eine solch hohe Instanz half nichts. Zunächst ließ man mich stundenlang am Kontrollpunkt Erez warten. (Der unfreiwillige Aufenthalt wurde nur durch das Herbeieilen der Journalistin Amira Hass etwas erträglicher.) Nachdem ich mir lauter Ausreden, Vorwände und Lügen hatte anhören müssen, war das Urteil gefallen: Felicia Langer wird den Gazastreifen nicht betreten.

Wer kann in Israel so apodiktisch, so willkürlich, sogar diktatorisch entscheiden? Nur der Inlandsgeheimdienst Schin Bet. Und so war es auch. Seinetwegen fielen meine Aufzeichnungen bezüglich des Gazastreifens nun zwar knapper aus als geplant, aber das hielt mich selbstverständlich nicht davon ab, meine Kritik an den dortigen Missständen unverzüglich zu Papier zu bringen und zu veröffentlichen. Ich schrieb damals (in *Lasst uns wie Menschen leben!*): »Ich scheiterte daran, in dieses Gefängnis namens Gaza hineinzukommen, dessen Tore von einer Fernbedienung gesteuert werden, die nicht sehr weit entfernt ist. Aber der Aufenthalt in den ›Korridoren‹ dieses Gefängnisses hat mir im Verlauf dieser wertvollen Stunden seine Beschaffenheit verdeutlicht.«

Im Jahr 2005 war der Gazastreifen wieder in den Schlagzeilen. Scharon wolle die Besatzung des Gazastreifens beenden, hieß es. Der Mann habe sich auf seine alten Tage hin geändert und sei nun ein »Mann des Friedens«, den es unbedingt zu unterstützen gelte. Als Scharon Anfang Januar 2006 ins Koma fiel, wurde der Abgang dieses Friedensstifters von der politischen Bühne des Nahen Ostens beklagt. War aus dem berüchtigten Kriegsverbrecher Scharon tatsächlich ein Friedensstifter geworden, wie uns die Medien und Politiker glauben machen wollten? Mitnichten.

Die Lobhudelei war vollkommen ungerechtfertigt, ja grotesk. Es wurde einfach ignoriert, was Scharon und seine Berater selbst zu Protokoll gegeben hatten! Der Ministerpräsident war zu der Erkenntnis gelangt, dass »Groß-Israel« derzeit einfach nicht zu realisieren sei. Deshalb hielt er es für schlauer, den Gazastreifen zu »opfern«, um gleichzeitig den israelischen Herrschaftsanspruch auf »Judäa und Samaria« – das palästinensische Westjordanland – zu bekräftigen, und zwar durch den Ausbau der dortigen illegalen Siedlungen und den Bau der ebenfalls völkerrechtswidrigen Mauer. Scharons erklärtes Ziel war die Annexion von über 50 Prozent des Westjordanlandes. Und dabei gedachte er selbstverständlich unilateral vorzugehen, weil es auf palästinensischer Seite nun einmal »keinen Partner für Verhandlungen« gebe. Auch Scharons enger Berater Dov Weisglass erklärte öffentlich, dass die israelische Regierung nach dem »Abzug« aus Gaza kein weiteres palästinensisches Land räumen werde, außer vielleicht eine Hand voll abgelegener Siedlungen im Westjordanland. Mit den Palästinensern werde Israel sich jedenfalls nicht eher an den Verhandlungstisch begeben, bis sie so friedfertig wie die Finnen geworden seien. (Interessant. Wie hätten die Finnen wohl reagiert, wenn man ihnen angetan hätte, was man den Palästinensern angetan hat?)

Im Dezember 2005 kommentierte der schon seit vielen Jahren mit den israelischen Friedenskräften zusammenarbeitende palästinensische Menschenrechtler und Arzt Dr. Mustafa Barghouthi die Lage nach der Auflösung der Siedlungen im Gazastreifen. Die Überschrift seines Artikels, aus dem ich hier etwas ausführlicher zitieren möchte, hätte nicht passender gewählt sein können. Sie lautete: »Die Wahrheit, die man nicht zu hören bekommt«:

Was geschieht derzeit in Palästina? Israel, dem die internationalen Medien weiterhin die Deutungshoheit einräumen, vermittelt ein Bild, das mit der tatsächlichen Lage vor Ort absolut nichts zu tun hat. Die den Gazastreifen betreffende Truppenverschiebung wurde als der Beginn eines Friedensprozesses verkauft, als ein grandioser Rückzug von General Ariel Scharon, der als ein Mann des Friedens dargestellt wurde. Es bleibt nichtsdestoweniger eine

Tatsache, dass Palästina 27 000 Quadratkilometer umfasst, von denen das Westjordanland nur 5 860 Quadratkilometer und der Gazastreifen nicht mehr als 360 Quadratkilometer ausmacht. Wir sprechen hier also über lediglich 1,3 Prozent des gesamten Gebiets des historischen Palästina. Selbst wenn das, was Scharon im Gazastreifen veranstaltet hat, ein echter Rückzug gewesen wäre, ginge es dabei um gerade einmal 5,8 Prozent der besetzten Gebiete.

Doch die Israelis haben den Gazastreifen nicht verlassen. Es wurde viel Aufhebens um Israels großes Opfer gemacht, und die Medien waren voller Berichte darüber, wie schmerzhaft die Aufgabe der dortigen Siedlungen für die Siedler sei. Wenn man etwas stiehlt und es dann 20 Jahre lang behält, rückt man es vermutlich nur höchst ungern wieder raus; es ist und bleibt aber etwas Gestohlenes, das man dem rechtmäßigen Besitzer zurückgeben sollte. Vor dem Rückzug gab es insgesamt 152 israelische Siedlungen in den besetzten Gebieten: 101 im Westjordanland, 30 in Ostjerusalem und 21 im Gazastreifen. In diesen Zahlen sind diejenigen Siedlungen, die Scharon und die israelische Armee im Westjordanland gebaut haben, ohne sie offiziell anzuerkennen, noch nicht einmal enthalten. Nachdem nun im Zuge des Rückzugs aus dem Gazastreifen die dortigen Siedlungen sowie vier kleine Siedlungen in der Gegend von Dschenin im Westjordanland aufgelöst wurden, gibt es immer noch 127 Siedlungen.

Jede einzelne dieser Siedlungen ist – laut dem Völkerrecht im Allgemeinen und dem Rechtsgutachten des Internationalen Gerichtshof aus dem Jahr 2004 im Besonderen – illegal. Letzterer entschied, dass die Trennmauer unverzüglich abzubauen und sämtliche Siedlungen im Westjordanland, im Gazastreifen sowie in Ostjerusalem aufzulösen seien. In diesen Siedlungen leben derzeit rund 436 000 Menschen: 190 000 in Jerusalem und 246 000 im Westjordanland. Die 8 475 Siedler, die nun aus dem Gazastreifen und der Gegend um Dschenin abgezogen wurden, machen nur zwei Prozent der Gesamtbevölkerung der illegalen Siedlungen in den besetzten Gebieten aus. Zur selben Zeit war mit dem

Zuzug von 15800 Personen ein massiver Anstieg der Siedlungsbevölkerung im Westjordanland zu verzeichnen.

Warum also wurden die Siedler aus dem Gazastreifen abgezogen, wenn der Sinn und Zweck der Übung nur in ihrer Umsiedlung in ein anderes besetztes Gebiet bestand?

Nun, erstens hatte Israel ohnehin nicht wirklich vor, die Siedlungen im Gazastreifen zu behalten; es betrachtete sie eher als Faustpfand, das man später einmal bei Verhandlungen über die Zukunft der besetzten Gebiete einsetzen könne. Doch die andauernde militärische Präsenz, die vonnöten war, um für die Sicherheit dieser relativ geringen Zahl von Siedlern im Gazastreifen zu sorgen, erwies sich als kostspielig.

Zweitens hatte Israel die Wasserreserven des Gazastreifens bereits erschöpft: Den Grundwasserfluss östlich des Gazastreifens hat es angezapft - was das Einsickern von Meerwasser in Gazas Küstenaquifer zur Folge hatte -, und den bestehenden Aquifer haben die israelischen Siedlungen überpumpt. Somit hat Israel den Bewohnern des Gazastreifens Brackwasser hinterlassen, was wiederum zu einer hohen Nierenversagensrate führt. Laut den Standards der Weltgesundheitsorganisation darf Trinkwasser maximal 250 Milligramm Chlorid pro Liter enthalten. In den meisten Gegenden des Gazastreifens liegen die Werte zwischen 1200 und 2500 Milligramm pro Liter.

Ein weiterer Mythos, den Israel so erfolgreich aufrechterhalten hat, lautet, dass der Gazastreifen nun, da die dortigen Siedlungen aufgelöst wurden, nicht länger unter israelischer Besatzung stehe. Doch der Gazastreifen ist noch genauso besetzt wie zuvor. Geändert hat sich lediglich die Struktur der Besatzung. Israel hat sich von der Verantwortung befreit, seine Siedler im Gazastreifen durch die Anwesenheit seines Militärs zu »beschützen« und kann ihn nun - unter Einsatz seiner hochmodernen Militärtechnologie - viel einfacher und weniger kostenintensiv von außen kontrollieren.

Die israelische Armee ist in der Gegend von Erez, im Norden des Gazastreifens, stationiert. Von hier aus hält sie weiterhin einen 900 bis 1000 Meter breiten Landstrich entlang der Ostgrenze besetzt – wobei der Gazastreifen insgesamt, wie gesagt, nur 360 Quadratkilometer umfasst – und kontrolliert Gazas Luftraum, die Küste sowie die Küstengewässer. Über die Ein- und Ausreise bestimmt nach wie vor Israel. Ob Hunderte von Patienten, die dringend ärztlicher Behandlung bedürfen, den Gazastreifen verlassen dürfen oder nicht, das entscheidet Israel. Trotz der von US-Außenministerin Condoleezza Rice ausgehandelten Übereinkunft bezüglich der Öffnung des Grenzübergangs zwischen dem Gazastreifen und Ägypten besteht Israel nach wie vor auf der vollständigen Kontrolle des Warenverkehrs und behält sich das Recht vor, den palästinensischen Personenverkehr zu überwachen – Verantwortlichkeiten, die Israel in der Vergangenheit schon oft missbraucht hat.

Der Gazastreifen ist immer noch ein großes Gefängnis. Unter solchen Rahmenbedingungen ist die Aussicht auf wirtschaftliche Entwicklung trübe. Es besteht die Gefahr, dass Israels anhaltende Kontrolle über den Gazastreifen die seit langem vorangetriebenen Bemühungen, ihn vollends vom Westjordanland abzukoppeln, noch verstärken wird. Dies gibt Anlass zur Sorge, denn diese Politik zielt auf die Zerstörung der Einheit und Verbundenheit der Palästinenser: Ihr Recht, zukünftig in einem gemeinsamen Staat vereint zu sein, soll ihnen genommen werden.

Scharon benutzt die zu einem kolossalen Zugeständnis aufgebauschte Truppenverlegung, um unilateral über die Zukunft des Gazastreifens zu entscheiden. Der Bau von Scharons Schandmauer und der Ausbau der Siedlungen wird am Ende zur völligen Annexion von nicht weniger als 50 Prozent des Westjordanlandes, einschließlich Ostjerusalems, führen und die Gründung eines vereinten, territorial verbundenen und lebensfähigen palästinensischen Staates unmöglich machen.

Die heutige Blockade des Gazastreifens zeigt, wie Recht Barghouthi hatte, als er das angeblich so heldenhafte, großzügige Zugeständnis Israels als gelungenes Täuschungsmanöver entlarvte. Die israelischen Friedenskräfte haben ebenfalls deutlich gemacht, dass es für Lobeshymnen auf Scharon nicht den geringsten Anlass gibt. In einem gemeinsamen Artikel schrieben beispielsweise Shamai K. Leibowitz, Anwalt und Mitglied von *Gush Shalom* (Friedensblock), und Katerina Heller, Psychologin und Gründungsverlegerin von *The Occupation Magazine*, im Sommer 2005:

Die bevorstehende Übergabe des Gazastreifens an die palästinensische Autonomiebehörde und der Abzug israelischer Siedler aus einem kleinen Teil des Westjordanlandes wird von den internationalen Medien als Wendepunkt in der von Gewalt geprägten Geschichte des israelisch-palästinensischen Konflikts gepriesen. Durch gut durchdachte Medienstrategien ist es der israelischen Regierung gelungen, den unilateralen Rückzugsplan als ein großes »Zugeständnis« zu verkaufen, mit dem Israel für eine Wiederbelebung des »Friedensprozesses« sorgen werde. Zu diesen Strategien gehörte die Einladung an Medien aus aller Welt, Bilder von Israelis einzufangen, die Männer, Frauen und Kinder aus ihren Häusern zerrten. Es handelte sich allerdings um Häuser, die illegal auf Land gebaut worden waren, das diese Siedler seit nunmehr 38 Jahren besetzt hielten.

Der unilaterale Rückzugsplan wird dem Frieden durchaus nicht förderlich sein. Dieser Plan ist nichts anderes als eine aus taktischen Gründen erfolgende Truppenverlegung. Dies ist unschwer an Israels Entscheidung zu erkennen, die militärische Kontrolle über die zu räumenden Gebiete im Westjordanland sowie über den Luftraum, die Küste und die Grenzübergänge des Gazastreifens zu behalten und darüber hinaus mit dem Bau der tief in das Westjordanland hineinragenden Mauer fortzufahren.

In einem Bericht vom Dezember 2004 sagte die Weltbank voraus, dass sich die ohnehin schon katastrophale wirtschaftliche

Lage im Gazastreifen mit Israels Rückzug nur noch weiter verschlimmern werde, wenn Israel den Grenzverkehr von Waren und Personen weiterhin kontrolliere, anstatt den Bewohnern des Gazastreifens wirtschaftlichen Fortschritt in Aussicht zu stellen.

Mit dem Rückzugsplan wird der Gazastreifen praktisch in das größte Freiluftgefängnis der Welt verwandelt, in ein Gefängnis mit 1,3 Millionen palästinensischen Insassen. Statt einem Ende des Blutvergießens ist also eine Fortdauer, ja sogar eine Zunahme der Gewalt zu erwarten. Wenn vier der insgesamt 130 nur für Juden gebauten Siedlungen im besetzten Westjordanland geräumt werden und gleichzeitig - zu Lasten der zwei Millionen Palästinenser, denen weiterhin ihre Menschen- und Bürgerrechte vorenthalten werden - neue Siedlungen gebaut und bestehende erweitert werden, so deutet dies nicht auf ein Ende der israelischen Besatzung, sondern auf deren Aufrechterhaltung hin.

Und was hat Israel den Bewohnern des Gazastreifens außer dem von Barghouthi erwähnten Brackwasser noch hinterlassen? Verbrannte Erde. Die für die Zeitung *Haaretz* aus den besetzten Gebieten berichtende gewissenhafte israelische Journalistin Amira Hass schrieb am 22. September 2005 unter der Überschrift »Zerstörungstalent«:

Die volle Dimension der Zerstörungen, die Israel im Gazastreifen angerichtet hat, erschließt sich einem erst, wenn man dort die Straßen abfährt, die seit Jahren für den palästinensischen Verkehr gesperrt waren. Tausend Worte und tausend Bilder reichen nicht aus, um diesen Anblick zu beschreiben.

Nicht dass Sprache und Fotografie keine ausdrucksstarken Mittel wären, aber die meisten Israelis schaffen es eben doch, diese Dinge komplett auszublenden. Sie wollen die Hinterlassenschaften der israelischen Volksarmee weder sehen noch verstehen: die vielen in Wüstenlandschaften verwandelten Weinberge,

Haine, Obstgärten und Felder; das gelb und grau gefärbte Grün; die umgegrabene Erde, das ungeschützt daliegende Land, die Dornen, das Unkraut.

Um die Sicherheit der Siedler zu gewährleisten, die vor einem Monat abgezogen wurden, hat die israelische Armee fünf Jahre damit zugebracht, die grünen Lungen des Gazastreifens zu zerstören, seine schönsten Landschaften zugrunde zu richten und Zehntausende Familien ihres Lebensunterhalts zu berauben. Das israelische Talent, die von uns angerichteten enormen Zerstörungen stumpf zu ignorieren, führt bei uns zu einer Fehleinschätzung der politischen Lage und ermöglicht es der israelischen Armee, im Westjordanland weiter palästinensisches Land zu zerstören. Entlang des Zauns, um die Siedlungen herum und im Jordantal wird das Zerstörungswerk fortgeführt. Auf diese Weise will Israel Tatsachen schaffen und sicherstellen, dass das zukünftige palästinensische Gebilde aus voneinander abgetrennten Gebieten bestehen, in sich vollkommen zersplittert sein und über möglichst wenig Territorium verfügen wird.

Indem sich aber die Israelis und ihre politischen Vertreter weigern, das Ausmaß der Zerstörung zur Kenntnis zu nehmen, übersehen sie das palästinensische Talent, standhaft zu bleiben und Leid zu ertragen. Das führt dazu, dass Politik und Militär sich gründlich verkalkulieren. Bei ihren Überlegungen bleibt die Tatsache, dass das israelische Zerstörungswerk die Palästinenser mit Sicherheit nicht dazu bringen wird, klein beizugeben und sich dem politischen Diktat Israels zu fügen, völlig außen vor.

Die Entschlossenheit der Palästinenser, nicht aufzugeben, war auch bei meinem letzten Besuch deutlich zu spüren, doch die Israelis tun einfach so, als existierte sie nicht …

Die Situation im Gazastreifen nach dem Abzug der Siedler ist verheerend. Amira Hass schärfte ihren Lesern am 22. März 2006, kurz vor den israelischen Parlamentswahlen vom 28. März ein, dass die Regierung, die sie, die Israelis, demnächst wählen würden, über das Schicksal des palästinensischen Gazastreifens entscheiden werde:

So funktioniert sie, die Besatzung: Ein Volk wählt eine demokratische Regierung und gibt ihr gleichzeitig das Mandat, ihre militärische Vormachtstellung andernorts dazu zu missbrauchen, sich wie ein diktatorisches Regime aufzuführen. Dem an jenem anderen Ort lebenden Volk wird bei diesem demokratischen Spiel keinerlei Mitspracherecht eingeräumt.

Vor zwei Monaten verfügte der von der israelischen Öffentlichkeit demokratisch ins Amt gewählte Diktator, dass die Bewohner des Gazastreifens ab sofort auf »Diät« zu setzen seien. Damit befolgte das Kabinett den Rat, den Anwalt Dov Weisglass den Ministern gleich nach dem Wahlsieg der Hamas gegeben hatte. Verteidigungsminister Schaul Mofaz entschied, dass die Bewohner des Gazastreifens zunächst einmal immer weniger frisches Obst und Gemüse sowie immer weniger Milchprodukte zu sich nehmen, dann immer weniger Reis konsumieren und schließlich auch kein Brot mehr essen sollten.

Indem er den Grenzübergang Karni über lange Zeiträume hinweg für den Warenverkehr sperrte, mischte sich Mofaz (als Kabinettsvertreter) nicht nur in die Essgewohnheiten der Palästinenser ein. Er schickte auch Zehntausende der im Gazastreifen lebenden Palästinenser in den unbezahlten Urlaub. Fahrer, Einzelhändler, Gepäckträger, Nähfabrikarbeiter, Bauern, Bauarbeiter und Bauunternehmer, die vergeblich auf Material warten, sitzen alle ohne Arbeit da. Die ohnehin schon hohe Zahl von Hilfsbedürftigen im Gazastreifen wird noch weiter ansteigen. Diese Kettenreaktion wird das Leben und die Möglichkeiten einer jeden Familie beeinträchtigen, sei es im Hinblick auf die Ausbildung der Kinder, die medizinische Versorgung, Verwandtenbesuche oder auch den Anbau eines Zimmers zur Verringerung der häuslichen Enge.

Keine gewählte palästinensische Regierung, egal ob von der Hamas oder der Fatah gestellt, hat jemals derart stark in den Alltag der palästinensischen Bevölkerung eingegriffen oder ihr Leben in einem solchen Maße beeinflusst.

Wie ernst die Lage im Gazastreifen durch die israelische Blockade und die gegenwärtigen Bombardierungen ist, geht aus deutschen Medienberichten in aller Regel nicht hervor. Meist sind die palästinensischen Opfer, unter ihnen Frauen und Kinder, den Berichterstattern hierzulande kaum eine Fußnote wert. Und wenn es tatsächlich mal einen besonders spektakulären Fall gibt, den die Medien nicht so leicht ignorieren können - zum Beispiel die Tötung einer palästinensischen Familie, die im Juni 2006 nördlich von Gaza-Stadt am Strand picknickte -, lässt die Berichterstattung sehr zu wünschen übrig, weil es die Journalisten an der nötigen Skepsis gegenüber Verlautbarungen des israelischen Militärs vermissen lassen und den Ermittlungsergebnissen von Menschenrechtsorganisationen nicht genügend Aufmerksamkeit schenken.

Im März 2006 wandte sich die palästinensische Menschenrechtsorganisation PCHR (Palestinian Center for Human Rights) an die Weltöffentlichkeit, um vor einer drohenden humanitären Katastrophe im Gazastreifen zu warnen. Ein deutsch-französischer Friedensaktivist, Mitglied des »Collectif judéo-arabe et citoyen pour la paix - Strasbourg«, Günter Schenk, nahm dies zum Anlass, dem Menschenrechtsausschuss des Deutschen Bundestages einen Offenen Brief zu schreiben, dessen erste Absätze ich an dieser Stelle gern wiedergeben möchte:

Sehr geehrte Damen und Herren,
die folgende Pressemitteilung des PCHR, des Palästinensischen Menschenrechtszentrums, erhalte ich soeben. Es handelt sich, wie Sie leicht erkennen, um einen dringenden Hilferuf, auf den der Deutsche Bundestag und unsere Regierung ohne Verzögerung reagieren müssen. Jeder Tag der Untätigkeit ist ein verlorener Tag für die Bevölkerung des militärisch besetzten Palästina. Eine Diskussion, wie sie zurzeit um die Hamas geführt wird, ist in diesem Fall reinster Hohn, denn die Hamas hat mit der Not der Bevölkerung absolut nichts zu tun, ganz im Gegenteil. Sie hat für ihre aufopferungsvolle Arbeit in den vergangenen Jahren, auch für die erwiesene Zurückhaltung beim Gebrauch von Defensivwaffen gegen die Besatzungsarmee seit einem Jahr, internationale Anerkennung verdient. Alles andere ist angesichts der vorhandenen und von den Besatzern mutwillig herbeigeführten und anwachsenden Not (»Wir werden sie nicht sterben lassen, ihnen aber eine Diät verordnen«, so der leitende Berater des Premierministers, Dov Weisglass, vor wenigen Tagen) pure Propaganda und Menschenverachtung.

Da die Besatzungsmacht sich nicht nur weigert, ihrer gemäß der IV. Genfer Konvention verpflichtenden Fürsorgepflicht für die Menschen im besetzten Gebiet nachzukommen, sondern, ganz im Gegenteil, deren Not mutwillig und vorsätzlich vergrößert, indem Hilfeleistung zurückgehalten und die Gebiete zusätzlich abgeschnitten werden, sind wir, sind Sie, sehr geehrte Damen und Herren, aufgerufen, das zu tun, was die Besatzungsmacht den in ihrer Obhut befindlichen Menschen verweigert. Zu diesem Sachverhalt weise ich Sie auf die Zuwiderhandlung der israelischen Regierung gegen gültiges Völkerrecht hin. Dieser Rechtsbruch kann und darf nicht ohne Folge bleiben; andernfalls wird das internationale Rechtssystem bleibenden Schaden erlangen.

Ganz besonders zynisch ist dabei die Begründung für die Auszahlung eines Teiles unserer der palästinensischen Autonomiebehörde zugesagten Hilfsgelder der Europäischen Union: Diese

Gelder würden, außer zum Begleichen von Beamtengehältern, zur Begleichung fälliger Strom- und Wasserrechnungen genutzt. Sie wissen genau, dass diese Gelder an die Israelis gehen, denn von denen bezieht die Autonomiebehörde Strom und Wasser aus den eigenen Quellen im Westjordanland und im Gazastreifen zu hohen Preisen.

Bitte bleiben Sie nicht untätig. Deutschland hat infolge seiner Geschichte eine besondere Verantwortung.*

Bedauerlicherweise brechen die regierenden Politiker in Deutschland ihr Schweigen in Bezug auf Israels völkerrechtswidriges Verhalten gegenüber den Palästinensern so gut wie nie. Von einer »besonderen Verantwortung« keine Spur! Die erpresserische Praktik der pro-israelischen beziehungsweise jüdischen Lobby, die jede Kritik an Israel als Antisemitismus diffamiert, trägt Früchte. Die Geschichte wird missbraucht, um die Kritiker zum Schweigen zu bringen und Israel Immunität zu verschaffen. Diese Immunität bedeutet, dass Israel mit den von mir geschilderten Verbrechen gegen das palästinensische Volk fortfahren kann, ohne dafür von der internationalen Gemeinschaft in irgendeiner Form bestraft zu werden.

Die Frage ist, wie lange dieser Zustand noch andauern soll. Mittlerweile mehren sich auch in Deutschland die Stimmen des Protests. Unter den Zuhörern, die zu meinen Aufklärungsveranstaltungen kommen, sind Tausende, die diese Einschüchterungsversuche nicht länger hinnehmen wollen und für das Schweigen der Politiker kein Verständnis mehr aufbringen. Dass das Totschweigen von Unrecht

* Wortlaut des Briefes sprachlich leicht korrigiert

unmöglich im Sinne der Opfer des Faschismus und der Widerstandskämpfer sein kann, leuchtet eigentlich jedem ein, der sich seines eigenen Verstandes bedient. Den Antisemitismus müssen wir selbstverständlich bekämpfen, aber nicht den vermeintlichen, der nur als Vorwand dient, um jede Verurteilung israelischer Taten im Keim zu ersticken. Und schließlich dürfen wir nicht vergessen, dass jede reale Schandtat eines Staates, der sich selbst als jüdisch definiert, ein gefundenes Fressen für die *echten* Antisemiten ist.

Der deutsche und internationale Widerstand gegen diese moralische Erpressung nimmt zu, und das muss er auch dringend. Wir dürfen es nicht zulassen, dass die Apartheid von heute weiterhin salonfähig bleibt. Wir werden mit vereinten Kräften dafür sorgen, dass die Stimme der Entrechteten immer lauter wird. So laut, dass man sie nicht mehr überhören kann.

Leipzig, Tübingen und die Zivilcourage

Im Jahr 1994 habe ich in der Leipziger »Kulturfabrik« namens »Werk II« aus meinem Buch *Brücke der Träume* gelesen. Organisiert hatte die Veranstaltung Frank Kimmerle, der in den Jahren 1994/95 und auch noch danach Veranstaltungskoordinator in diesem mit Fördermitteln des Kulturamts Leipzig finanzierten Kulturzentrum war.

Als die Stadt Leipzig im Jahr 1995 jüdische Kulturtage plante, fragte sie Frank Kimmerle, ob er die Veranstaltung mitorganisieren wolle. Die Idee gefiel ihm, und er sagte zu. Unter anderem wollte er mich zu einer weiteren Lesung nach Leipzig holen. Die Kulturtage würden unter dem Titel »Schalom – Jüdische Woche in Leipzig« laufen. Da bot es sich doch an, auch eine jüdisch-israelische Stimme zu Wort kommen zu lassen, die sich bekanntermaßen seit Jahrzehnten um »Schalom« (Frieden) bemüht – fand jedenfalls Frank Kimmerle. Ich freute mich über die Einladung und bereitete mich entsprechend auf die Veranstaltung vor.

Doch seine Ankündigung, eine Lesung mit Felicia Langer ins Programm zu nehmen, rief Protest hervor. Der »Verband ehemaliger Leipziger in Israel« lehnte meinen Auftritt vehement ab. Sie schickten Materialien aus Tel Aviv, mit denen sie den Leipzigern zeigen wollten, wie gefährlich diese Felicia Langer ist. Sie stellten mich auf eine Stufe mit Rechtsextremisten und erklärten, sie würden an der Kulturwoche nur teilnehmen, wenn die Veranstaltung mit Felicia Langer abgesagt würde.

Normalerweise lehne ich es ab, Schmähschriften zu kommentieren. Aber in diesem Fall war das Kulturamt im Spiel. Deswegen wollte ich zu den Vorwürfen, lächerlich wie sie waren, ausnahmsweise doch Stellung nehmen. Ich schloss mit den Worten, dass ich mich weigerte, in einer solch hasserfüllten Atmosphäre aus meinem Werk zu lesen. Das Interessanteste an der ganzen Sache war jedoch die Haltung des Leipziger Kulturamts, das vom örtlichen Zweig der Israel-Lobby unter Druck gesetzt wurde. Ich zitiere aus einem Brief, den mir die Kulturamtsleiterin Susanne Kucharski-Huniat (Grüne) am 23. Februar 1995 schrieb:

> Ich habe mit allen Kritikern der Lesung persönlich gesprochen und muss Ihnen leider mitteilen, dass die Vorbehalte aufrechterhalten wurden.
>
> Nun war ich in der Situation zu entscheiden, ob eine Veranstaltung, die von wesentlichen betroffenen Stimmen, wie Israelitische Religionsgemeinde zu Leipzig, Carlebach-Stiftung, Verband ehemaliger Leipziger in Tel Aviv u.a., im Rahmen der Durchführung einer städtischen Woche jüdischer Kultur abgelehnt wird, dennoch stattfinden kann.
>
> Verehrte Frau Langer, in dieser Situation habe ich entschieden, das Werk II aufzufordern, diese Veranstaltung nicht in der Woche durchzuführen.
>
> Ich halte an dieser Entscheidung auch weiter fest, weil ich denke, dass ich mich nicht gegen die Israelitische Religionsgemeinde zu Leipzig als Mitveranstalter wenden kann.

So funktioniert es. Ich habe Rückzieher dieser Art schon oft erlebt und auch beschrieben (siehe *Brandherd Nahost*). Zu einer erfreulichen Ausnahme komme ich gleich noch.

Die Stadt Leipzig strich meine Lesung also aus dem Programm. Aber so ganz ohne mich fand die Kulturwoche dann doch nicht statt. Die Klezmergruppe »Jontef«, die ein Musiktheater betreibt, war nämlich dabei, und mit ihr mein Sohn, der Sänger und Schauspieler Michael Langer. Die Gruppe trat in der größten Halle auf und begeisterte das zahlreich erschienene Publikum. Am Schluss der Veranstaltung trat Michael noch einmal ans Mikrofon. Er wolle gern noch ein paar Worte sagen über einen wundervollen Menschen, dessen Erziehung zur Menschenliebe es ihm ermöglicht habe, hier heute auf der Bühne zu stehen. Dieser Mensch sei seine Mutter, Felicia Langer, und sie werde demnächst hier in diesem Haus lesen. Zu unserer Freude wurden seine Worte mit Beifall quittiert. Wer zuletzt lacht, lacht am besten … Die angekündigte Lesung fand dann im Mai 1995 vor vollem Haus in der Kulturfabrik statt, und in den folgenden Jahren sollten noch viele weitere Auftritte in der Stadt folgen; der bislang letzte fand im Rahmen der Leipziger Buchmesse im März 2006 statt. Einer der Veranstalter dort war die »Stiftung Civil-Courage«, auf die ich gleich noch zurückkommen werde.

Doch zunächst möchte ich das Stichwort Zivilcourage nutzen, um von der eben erwähnten erfreulichen Ausnahme in Sachen Standhaftigkeit zu berichten. Nur wenige Monate nachdem sich das Kulturamt Leipzig dem Druck »pro«-israelischer Interessengruppen gebeugt hatte, bewiesen Stuttgart und Tübingen im Jahr 1995 Zivilcourage – für mich eine ermutigende Erfahrung.

Der Landesfrauenrat Baden-Württemberg (die Arbeitsgemeinschaft der Frauenverbände und Frauengruppen gemischter Organisationen in Baden-Württemberg mit Sitz in Stuttgart) plante ein Podiumsgespräch zum Thema »Frauen und Frieden« und veröffentlichte vorab die Resolution »Frauen für Frieden«:

Frauen sind Opfer von Krieg und Gewalt: Sie werden vertrieben, verwundet, vergewaltigt und getötet. Sie setzen ihr Leben ein, verlieren Familie, Freunde, Heimat und Gesundheit.

Frauen sind Hilfe für die Opfer von Krieg und Gewalt: Sie lindern vor Ort die Auswirkungen und Notstände. Sie kümmern sich um Verletzte, Tote, Heimatlose, Kinder und Alte. Sie helfen mit Spenden, Material und Arbeit aus der Ferne. Sie sind da und leiden mit.

Frauen sind aber auch Wegbereiterinnen in eine friedliche Zukunft: Sie leisten mutig Widerstand gegen Militarismus und Nationalismus, wie die »Frauen in Schwarz« in Belgrad oder die Mütter russischer Soldaten im Tschetschenien-Krieg. Sie engagieren sich Tag für Tag in ihren Lebenskontexten, in politischen Initiativen, Parteien und Friedensnetzwerken für ein gewaltfreies, solidarisches Miteinanderleben. Sie entwickeln konkrete Visionen einer friedlichen Welt und setzen sich weltweit für die Erhaltung der Menschenrechte ein.

Neben Vertreterinnen verschiedener Frauenorganisationen war auch ich eingeladen, an der Podiumsdiskussion teilzunehmen. Es war wichtig, die Sache, die ich vertrete, bei solch einer Veranstaltung in die Diskussion einbringen zu können. Ich nahm die Einladung also gern an.

Es dauerte jedoch nicht lange, da erhielt ich einen Telefonanruf, bei dem mir eine der Organisatorinnen mitteilte, dass sie einen bösen Schrieb erhalten habe. Ich würde mich nur darüber ärgern, sagte sie, deshalb wolle sie mir diesen

Wisch lieber nicht zeigen. Ich könne mich darauf verlassen, dass die Organisatorinnen sich von so etwas nicht beeindrucken ließen. Ich ahnte schon, welche Kreise sich da zu Wort gemeldet hatten …

Die Podiumsdiskussion sollte am 13. Mai 1995 in Tübingen stattfinden. Kurz bevor es losgehen sollte, ich stand noch im Foyer, drückte mir eine der Anwesenden einen Flyer in die Hand. Eine widerliche Schmähschrift, die mich in die rechtsextreme Ecke stellte. Die Rechtsextremen unterstützten mich schon seit Jahren, hieß es da. Vielleicht hätten die Verfasser dieser Schmähschrift ihre Zeit dann lieber in eine Studie zur Analphabetenrate unter Rechtsextremen investieren sollen – schließlich lassen die Bücher dieser mit einem Holocaust-Überlebenden verheirateten Jüdin an ihrer Ablehnung und Verurteilung faschistischen Gedankenguts keinen Zweifel …

Das Pamphlet, das ich nun in Händen hielt, stammte von WIZO, der Weltorganisation zionistischer Frauen, Region Stuttgart. Auch Vertreterinnen dieser Organisation waren eingeladen gewesen. Sie hatten ihre Teilnahme allerdings von der Bedingung abhängig gemacht, dass Felicia Langer ausgeladen würde. Die Veranstalterinnen hatten sich aber glücklicherweise nicht beirren lassen. Vielmehr hatten sie ihre Einladung an WIZO bekräftigt und deren Vertreterinnen aufgefordert, die Gelegenheit doch zu nutzen, um mit Felicia Langer zu diskutieren. Doch genau das hatten die Frauen von WIZO abgelehnt. Diskutieren wollten sie nicht. Sie boykottierten die Veranstaltung.

Als ich, wütend wie ich war, Herta Däubler-Gmelin (SPD) begegnete und ihr voller Empörung das Pamphlet zeigte, beruhigte sie mich mit herzlichen Worten. Ich war ihr dankbar dafür. Die Veranstaltung sollte ja schon in wenigen Minuten beginnen ... Für meinen Auftritt erhielt ich großen Beifall. Wie froh war ich, dass die Frauen hier Zivilcourage bewiesen hatten und sich nicht erpressen ließen!

Nach der Veranstaltung schrieb ich Herta Däubler-Gmelin einen Brief. Ich bedankte mich für ihre aufmunternden Worte und fügte hinzu: »Man muss sich schon fragen, wer wohl daran interessiert ist, mich anzuschwärzen und zum Schweigen zu bringen ... Es kann sich nur um diejenigen handeln, für die die Wahrheit gefährlich ist. Ich bin überzeugt, dass mein Kampf für die Menschenrechte der Palästinenser, gegen ihre Unterdrücker (die Juden und Israelis sind, so wie ich), der beste Dienst ist, den ich meinem Land und Volk erweisen kann: das andere Gesicht dieses Landes zu zeigen und zu versuchen, Brücken zu bauen zwischen uns und den Palästinensern.«

Doch zurück zu meinen Erfahrungen mit der Stadt Leipzig. Elf Jahre nachdem mich das Leipziger Kulturamt zur unerwünschten Person erklärt hatte, hatte ich das große Vergnügen, den überaus sympathischen Geschäftsführer der schon erwähnten Leipziger Stiftung »Civil-Courage«, Otto Herz, kennen zu lernen. Derjenige, der eine Lesung mit mir im Rahmen der Leipziger Buchmesse 2006 anregte und mich mit Otto Herz in Kontakt brachte, war der alte Bekannte (der noch jung ist) Frank Kimmerle. Er ist jetzt Vorsitzender des Erich-Zeigner-Haus-Vereins. Im Haus des Antifaschisten Erich Zeigner wurde während der Zeit des Nationalsozialismus darüber beraten, wie man Widerstand leisten und Menschen retten könne. Der Verein hat sich zum Ziel gesetzt, das Erich-Zeigner-Haus zum Treffpunkt für Menschen zu machen, die im Alltag Zivilcourage beweisen wollen. Die Stiftung »Civil-Courage« und der Erich-Zeigner-Haus-Verein arbeiten deshalb zusammen.

Am 16. März 2006 betrete ich das Erich-Zeigner-Haus gemeinsam mit Frank Kimmerle. Man zeigt mir einen großen alten Tisch, auf dem meine Freundin, die Literaturwissenschaftlerin Christel Hartinger, meine Bücher ausgelegt hat. Wie Frank Kimmerle mir erklärt, ist dies der Tisch, um den herum sich Erich Zeigner und seine Mitstreiter versammelten, wenn sie sich trafen, um ihren Widerstand gegen die Nazis zu organisieren. In der zeitgenössisch-authentisch eingerichteten Wohnung steht ein kleiner Tisch für mich bereit, mit einem Mikrofon und einer kleinen Lampe. Ich spüre, dass ich mich an einem besonderen Ort befinde. Die ganze Wohnung ist voller Leute; ich freue mich, dass so viele gekommen sind. Otto Herz begrüßt mich sehr herzlich und betont die Symbolik des Abends.

Am Anfang lese ich etwas über den Ursprung der Familie Langer in einem der Massengräber des Konzentrationslagers Langenstein-Zwieberge in Sachsen-Anhalt (siehe *»Nicht gegen mein Gewissen«*). Es ist das erste Mal, dass ich den Bericht über unseren Familienbesuch in dieser KZ-Gedenkstätte öffentlich vortrage, und ich fühle mich beim Lesen gleich wieder dorthin versetzt und erlebe alles noch einmal. Ich bin mir bewusst, dass ich meine persönlichen Gedanken zu diesem entsetzlichen Ort, der damals ein Außenlager des Konzentrationslagers Buchenwald war, nun in einem Haus vorlese, in dem alles getan wurde, um Juden zu retten. In den finsteren Zeiten.

Danach lese ich etwas aus meinem Buch *Die Frau, die niemals schweigt*, um das Leid der Palästinenser, das Teil meines Lebens geworden ist, zur Sprache zu bringen. Auch Vertreterinnen der »Jüdischen Stimme für gerechten Frieden in Nahost« (die Berliner Sektion der Föderation *European Jews for a Just Peace*) sind gekommen, unter ihnen auch die Vorsitzende Fanny-Michaela Reisin.

Wir diskutieren in diesem geschichtsträchtigen Haus über die Solidarität mit den Unterdrückten damals und heute, ganz im Sinne von Erich Zeigner und seinen Weggefährten. Frank Kimmerle ist mit der Veranstaltung sehr zufrieden, Otto Herz ebenfalls. Sie laden mich schon für die nächste Veranstaltung herzlich ein. Auch das ist Leipzig.

Otto Herz hat mir anschließend noch verschiedene interessante Materialien über die Stiftung geschickt. Einen der Texte, der mich besonders berührt hat, möchte ich gern mit den Leserinnen und Lesern teilen:

Die Avantgarde
Sechs Phasen und ein Hoffnungsschimmer

Zuerst wirst du nicht wahrgenommen.
Dann wirst du geringschätzig betrachtet.
Dann stößt du auf Ablehnung.
Dann erfährst du heftigen Widerstand.
Dann sollst du zum Aufgeben verführt oder bestochen werden.

Schließlich wirst du bedroht, bekämpft, vielleicht sogar vernichtet.

Wenn du *das alles* dann dennoch *überlebt* hast,
dann kann es sein, dass du in Umkehrung
eines historischen Beispiels damit überrascht wirst,
dass auf das *»Kreuzige ihn«* ein *»Hosianna«* folgt.

Das ist schön, nicht nur als Metapher… Und es stimmt.

Siedlerterror: Das Beispiel Hebron

Was die Kolonisierung der besetzten Gebiete bedeutet, habe ich zum ersten Mal in der Stadt Hebron im südlichen Westjordanland begriffen. Nie werde ich den Anblick vergessen, der sich mir dort im Jahr 1968, kurz nach Beginn der Besatzung, bot (aus *Zorn und Hoffnung*):

Als ich zum ersten Mal das Gefängnis von Hebron besuchte, bemerkte ich auf dem großen Hof eine Frau mit einem kleinen Kind und einige Studenten der Yeshiva, einer religiösen Hochschule. Neben ihnen lag diverser Hausrat. Auf meine Frage, was sie dort machten, antwortete mir einer der Soldaten: »Das sind die Siedler von Hebron. Das sind die, die nicht arbeiten, aber garantiert viel Geld kriegen.«

Das war meine erste Begegnung mit den Angehörigen der neuen Siedlung in der »Stadt der Väter«. Danach sah ich sie öfters im dortigen Militärgericht versammelt, wo sie die Verhandlungen verfolgten. Sie verhehlten ihre Freude nicht, wenn einer der »Eingeborenen« bestraft wurde, deren Gefängniszellen nur wenige Schritte von den Räumen entfernt lagen, in denen sie untergebracht waren. Ich beobachtete dort einmal eine Szene, die sich in mein Gedächtnis einbrannte: Im Gefängnishof standen lange Tische, beladen mit Delikatessen, um die herum sich die Siedler niederließen. Ich bahnte mir einen Weg durch die fröhlichen Reihen, und ein Gefängniswärter erklärte mir, dass sie eine Hochzeit feierten, und da seien sie eben glücklich. Die Stimmen der Feiernden drangen durch die Gitterstäbe. Ich fragte mich, wie sie hier nur fröhlich sein konnten, zwischen den Gefängnismauern, und was die Einwohner von Hebron, eingezwängt in ihren finsteren Zellen, beim Klang der heiteren Lieder wohl fühlen mochten. Ich fragte mich auch, wie die Siedler seelenruhig im Schutz unserer Panzer leben konnten, mit der militärischen Stärke des Regimes als Garantie für ihre Existenz vor Ort. Wie erklärten die Kindergärtnerinnen und die Lehrerinnen den Kindern diese Nachbarn, die Häftlinge, mit den gelblichen Gesichtern, denen ein täglicher Spaziergang von einer Viertelstunde vergönnt war? Und was sagten die Erzieherinnen, wenn sie zusammen mit ihren Schützlingen auf Massen von Frauen und Kindern stießen, die ihre Verwandten besuchten? Wie brachten sie den Kindern die Begriffe von gut und böse bei, um sie sicher durchs Leben zu geleiten? Und was für eine Schule konnte das sein, der der Gefängnishof als Spielplatz diente?

Später wurde den Siedlern ein Ort erbaut, an dem sie sich selbst einsperrten, aus Angst vor den Besitzern des Landes, die enteignet worden waren. Aber der pionierhafte Anfang im Hof des Gefängnisses von Hebron wird für immer den Charakter dieser Art von Besiedlung kennzeichnen.

Ich habe jahrelang juristisch gegen die Siedler gekämpft, im Namen meiner palästinensischen Mandanten, die von den Siedlern angegriffen und verletzt oder sogar getötet worden waren. Ich habe alles getan, um die Siedler in Hebron und anderswo zur Rechenschaft ziehen, aber vergeblich – in dem verrohten Rechtssystem der israelischen Besatzung hat Gerechtigkeit keinen Platz. Und so steht es den Siedlern rund 40 Jahre nach meinem denkwürdigen Besuch in Hebron immer noch frei, die palästinensische Zivilbevölkerung zu terrorisieren. So lange dieser erbärmliche Zustand anhält, werde ich nicht müde werden, davon zu berichten.

In einer Studie aus dem Jahr 1994 erläuterte das israelisch-palästinensische Alternative Informationszentrum das Zusammenspiel von Siedlern und der politischen Führung Israels wie folgt (aus *Wo Hass keine Grenzen kennt*):

Seit 1968 haben die israelischen Regierungen zunehmend mehr die Gewaltanwendung durch Siedler gebilligt und des Öfteren dem politischen Druck seitens der Siedler nachgegeben. So wurde zum Beispiel Rabins Militärerlass vom Januar 1989 nach vorausgehenden Verhandlungen zwischen der Regierung und den Hungerstreikenden der »Gusch Emunim« verfügt, nachdem diese Druck gemacht und ein härteres Vorgehen der Regierung gegen die Intifada gefordert hatten. Auf allgemeinerer Ebene haben die israelischen Regierungen mit ihrer Auslegung, die Siedlergewalt sei ungerichtet und dezentral, es stets vermieden, einschneidende Maßnahmen zu treffen, um sie in Schach zu halten. Die Vereinbarungen von Oslo und Kairo zeigen deutlich, dass die Siedlungen ein integraler Bestandteil des israelischen Plans sind, die Kontrolle über die besetzten Gebiete zu behalten. Während der Verhandlungen hat Rabin aus der Gewalt der Siedler Kapital geschlagen, um der PLO noch mehr Konzessionen abzupressen.

Die Gewaltanwendung der Siedler ist daher nur eine Form der staatlichen Repression; sie flankiert das, was seit Jahren zur Gewohnheit wurde: die militärische Abriegelung der besetzten Gebiete, die Jagd auf »gesuchte« Aktivisten, die Ausgangssperren, die Schließung von Schulen und die fortdauernden Verhaftungen palästinensischer Frauen, Kinder und Männer jeden Alters, die Zerstörung ihrer Häuser und die Deportationen.

Dem fügte ich damals noch Folgendes hinzu:

Der harte Kern der Siedlerbewegung, »Gusch Emunim«, »Kach« und andere Gruppen, deren prozentualen Anteil an der Gesamtbewegung man nicht genau kennt, weist eine spezielle nationalreligiöse Ideologie auf. Sie behaupten unter anderem: Nur wir haben das Recht auf das Land, das uns, und nur uns allein, von Gott gegeben wurde. Sie glauben, dass der Boden des Landes Israel heiliger ist als ein Menschenleben, und dass dieser Boden von den Gojim (Nicht-Juden) befreit werden muss. Professor Yeshayahu Leibowitz zitierte Grillparzers Worte über den Weg, der von der Menschlichkeit fortführt: »Es führt ein Weg von der Humanität über die Nationalität in die Bestialität.« »Das deutsche Volk«, sagte Leibowitz weiterhin, »ging diesen Weg bis zum Ende, und wir haben diesen Weg 1967 angetreten.«

Yeshayahu Leibowitz (1903-1994), der große jüdische Denker und Kämpfer gegen die israelische Besatzung, konnte nicht wissen, dass Israel diesen Weg noch Jahre nach seinem Tod konsequent und ohne Skrupel weitergehen würde.

Am 25. Februar 1994 ermordete der jüdische Siedler Baruch Goldstein 29 betende Palästinenser in der Ibrahimi-Moschee in Hebron. Während meiner Recherchen zu diesem Massaker erlebte ich Folgendes (siehe *Wo Hass keine Grenzen kennt*):

Im Oktober 1994 kam ich nach Hebron, das ich seit langen Jahren kannte. Als der israelische Soldat an der ersten Absperrung hörte, dass ich vorhatte, diese Stadt zu besuchen, war er entsetzt, und er warnte mich, dies sei äußerst gefährlich. Ich wies auf meine Begleiter hin, die Palästinenser waren, auf meine Wächter sozusagen, aber er schien nicht sonderlich überzeugt zu sein, dass dies günstig war, denn er fügte hinzu, in der Stadt herrsche permanente Spannung.

Wir erreichten die Ibrahimi-Moschee, die verschlossen und verriegelt war, davor eine Militärsperre. Meine Begleiter erklärten mir, dass die Soldaten auf die Menschen, die aus der Moschee geflüchtet waren, unweit der Stelle, an der ich stand, geschossen hatten. Die Soldaten sagten mir, die Höhle/Moschee würde erst Ende Oktober für die Öffentlichkeit wieder zugänglich.

Wir verließen den Ort und kamen in die Gegend der Siedlung Tel Romeida, daneben wieder eine Absperrung. Dieses Gebiet wurde zum Militärgebiet erklärt. Palästinenser, die dort wohnen, brauchen nun Genehmigungen, um in ihre Häuser zu gelangen.

Wir fuhren ein paar Minuten weiter, und schon wieder blokkierte eine Absperrung unseren Weg, diesmal kein Armeeposten, nur große Betonblöcke. An einer anderen Stelle sah ich Straßensperren, die aus Tonnen aufgetürmt waren. Die Errichtung einer solchen Blockade wird weder gerechtfertigt noch begründet. Die Fahrzeuge müssen umkehren, ein großer Stau entsteht, erbitterte Fahrer suchen nach Ausweichrouten auf ungeteerten Feldwegen, um irgendeinen bestimmten Ort in ihrer Stadt erreichen zu können. Die von Absperrungen zerstückelte Stadt sieht wie im Kriegszustand aus. Um die Siedler zu schützen, gibt es mitten in Hebron sogar eine Militärbasis. Arabischen Bussen wird nicht erlaubt, in die Stadt zu fahren. Kein Wunder, wenn hier der »Friedensprozess« als trauriger Scherz betrachtet wird.

Zweihundert Meter neben dem Eingang zur Ibrahimi-Moschee sind alle Läden der Palästinenser geschlossen. Der Grund: die Straßensperren, die den freien Zugang behindern. Wird aber erst mal ein Laden geschlossen, dann kann das zur Enteignung führen, und schon ist der Weg für eine Besetzung durch die Siedler frei.

Der Gemüsemarkt* ist geschlossen, auch die Hauptstraße. Der Markt war einst ein kommerzielles Zentrum für etwa 250 000

* Der Reporter Ori Nir berichtete am 15. Februar 1995 in *Haaretz,* dass die Siedler große Hunde kauften, die sie neben dem Gemüsemarkt angekettet in hölzernen Hundehütten halten. Angeblich soll dies die Palästinenser davon abhalten, die Straße zu betreten, die zum neuen jüdischen Viertel führt. Die Palästinenser sind jedoch davon überzeugt, dass sie damit nur gedemütigt werden sollen.

Menschen, auch für die Dörfer des Umlandes. An dem dafür heute vorgesehenen Platz ist der Markt jedoch fast paralysiert.

Ich ging zu den Häusern von Opfern des Massakers. Überall stieß ich auf Zorn und Verbitterung. Die Menschen sind wütend, dass man über ihre Not schweigt, so als ob man sie auf dem Altar der Gespräche mit Israel opferte.

Wir standen auf dem Hügel, der die Stadt überblickt. Überall waren die Siedlungsblöcke zu sehen. Wir blickten hinunter auf den geschlossenen Gemüsemarkt und das Auto des Grenzschutzes, das dort stand. Meine Begleiter erzählten mir, dass die Siedler immer wieder, von den Soldaten ungehindert, die Stände umgeworfen hatten.

Das Rezept ist bekannt: Zuerst erscheinen die Siedler und zerstören mutwillig palästinensisches Eigentum, dann wird das Areal zum Schutz der Siedler von der Armee zum gesperrten Gebiet erklärt, und die Siedler quälen die Einwohner so lange weiter, bis sie ihre Geschäfte, Häuser oder Plätze aufgeben.

»Man kann in dieser Stadt nicht mehr leben, schon das Atmen fällt einem schwer«, sagte man mir. Es gibt Bewohner von Hebron, die nach Halhul umziehen, weil sie es nicht mehr aushalten.

Und die Palästinenser in Hebron kommen nicht zur Ruhe, auch nicht im Jahre 2006. Der israelische Friedensaktivist Ran HaCohen schrieb im Januar dieses Jahres:

Hebron ist wieder in den Schlagzeilen. Mehr noch als fast jeder andere Ort spiegelt diese geteilte Stadt den ganzen israelisch-palästinensischen Konflikt im Kleinformat wider. Im Herzen der palästinensischen, 1967 von Israel besetzten Stadt haben sich israelische Siedler breit gemacht. Ihre Besiedlung besetzten Gebiets verstößt zwar gegen das Völkerrecht und ist somit illegal; sie genießt jedoch die Unterstützung sämtlicher israelischer Regierungen. Die Präsenz von 500 israelischen Siedlern inmitten von

130 000 Palästinensern führte 1997 zur Teilung der Stadt durch das Hebron-Abkommen. Es wurde vereinbart, dass 80 Prozent der Stadt der palästinensischen Polizei unterstehen und der Rest – genauer gesagt, das Stadtzentrum – in israelischer Hand verbleiben solle. Die 30 000 im Zentrum lebenden Palästinenser werden tagtäglich von den Siedlern schikaniert, die dabei auch noch von der israelischen Armee unterstützt werden. Letztere hat in dem israelischer Kontrolle unterstehenden Stadtgebiet nicht weniger als 101 Straßensperren und 18 bemannte Kontrollpunkte errichtet. Dass hier eine ethnische Säuberung im Gange ist, ist nicht zu übersehen: Die Zahl der noch in diesem Gebiet wohnhaften Palästinenser beträgt inzwischen nur noch wenige Tausend.

Bei meinen Veranstaltungen in Deutschland und Österreich zeige ich immer eine Karte dieser geteilten Stadt, außerdem noch ein paar Fotos von Häuserwänden, an die die Siedler »Tod den Arabern« und ähnliche rassistische Sprüche gesprüht haben, sowie ein Foto, das den Angriff von Siedlerkindern auf eine junge Palästinenserin dokumentiert. Unsere Friedenskräfte solidarisieren sich mit den Palästinensern, demonstrieren mit ihnen, so auch Yehudith Harel, die am 22. Mai 2005 im *Occupation Magazine* schrieb:

Mir fehlen die Worte, um die schreckliche Realität, die diese Not leidende Bevölkerung Tag und Nacht zu ertragen hat, in angemessener Form zu beschreiben und zu verurteilen. Junge Leute, Frauen, alte Leute und Kinder werden seit etwa zehn Jahren unablässig terrorisiert. Wie sehr sich die Lage seit der Unterzeichnung des Hebron-Abkommens im Jahr 1997 – als die Stadt geteilt und die Altstadt unter israelische Kontrolle gestellt wurde – noch verschlechtert hat, lässt sich kaum in Worte fassen. Würde jemand »Sodom und Gomorrha« vorschlagen, es wäre nicht einmal übertrieben.

Jeder, der sich diesen Ort einmal ansieht, kann sich ein Bild von seiner Grauenhaftigkeit machen. Die Gassen sind blockiert; wer nach Hause will, muss über die Dächer klettern. Maschendraht spannt sich über die Wege des Marktes, als Schutz vor den Kohlen, Backsteinen, Eisenstangen und allem möglichen Müll, mit dem die Siedler ihre Nachbarn beschmeißen. Jeder kann die Häuser sehen, die nun verlassen und verrammelt dastehen, weil ihre Bewohner - nach der Sperrung ganzer Wege zum Wohle der Siedler - keine Möglichkeit mehr hatten, zu ihnen zu gelangen. Jeder kann die geschlossenen Läden sehen, deren verriegelte Eisentüren voller rassistischer Kritzeleien sind. Jeder kann sich von den Bewohnern den Alptraum schildern lassen, den sie tagtäglich durchleben: die Angst, dass ihren Kindern auf dem Schulweg etwas zustoßen könnte; die unzähligen Schläge, die Jugendliche, Alte und Kinder von den Siedlern bekommen, während die Armee tatenlos zusieht. Jeder kann sich anhören, wie es ist, wenn die Armee immer wieder grundlos Menschen gefangen nimmt oder auf bloßen Verdacht das Feuer auf Unbewaffnete eröffnet und dabei zahlreiche Bewohner tötet und verwundet. Neuerdings bedienen sich die Siedler noch einer anderen Methode, um die Bevölkerung einzuschüchtern: Sie ziehen mitten in der Nacht los, um in Begleitung von Furcht erregenden, laut bellenden Kampfhunden gegen die Haustüren der Palästinenser zu schlagen. All das, damit die palästinensischen Bewohner in Angst und Schrecken vor ihnen, den Siedlern, leben.

Und das eben Geschilderte ist nur ein kleiner Ausschnitt aus dem Alltag der in der Altstadt und in Tel Rumeida wohnenden Palästinenser. In den an die Siedlungen (Avraham Avinu, Beit Romano, Beit Hadassa und Ramat Yishai) angrenzenden Stadtvierteln ist das Leben für die palästinensischen Einwohner unerträglich geworden. Was sie durchmachen, interessiert die Welt nicht.

Ein paar israelische Soldaten, die ihren Wehrdienst in Hebron abgeleistet haben, haben nun *Schovrim Schtika*

(Breaking the Silence) gegründet. Die Gruppe soll anderen Soldaten, die in Hebron im Einsatz waren, als Anlaufstelle dienen. Hier können sie sich mit ihrer eigenen Rolle bei der Unterdrückung der palästinensischen Einwohner kritisch auseinandersetzen und mit anderen Israelis darüber reden: Sie sollen ihr Schweigen brechen, das nicht nur schwer auf ihnen selbst lastet, sondern auch dafür sorgt, dass die Unterdrückung der Palästinenser weiter andauert.

Einer der Gründer der Gruppe ist der 23 Jahre alte orthodoxe Jude Yehuda Schaul. Im Februar 2006 brachte *Spiegel Online* ein lesenswertes Porträt über ihn, aus dem ich hier zitieren möchte. Das Vorgehen der jüdischen Siedler erklärte Yehuda unter anderem so: »Sie fressen sich vorwärts… Ein Haus, dann zwei, und schließlich die ganze Straße. Sie schicken ihre Kinder vor, so bohren sie langsam dicke Bretter. Kinder dürfen die Soldaten nicht festnehmen. Damit sie hier sicher leben können, muss die ganze Umgebung durch Soldaten beschützt werden – und den palästinensischen Einwohnern wird das Leben zur Hölle.«

Die Autorin, Leonie Schultens, klärte ihre deutschen Leser darüber auf, dass Hebron im Jargon des israelischen Militärs eine »sterile« Stadt sei: »Die Stadt ist leer, Palästinenser, die diese ›sterile‹ Umgebung verschmutzen könnten, haben sich entweder in den Teil der Stadt verzogen, in dem die palästinensische Behörde das Sagen hat, oder sie bleiben eingeschüchtert und leise in ihren Häusern.« Dann ließ die Autorin dankenswerterweise einen ehemaligen Soldaten zu Wort kommen, der etwas sehr Wichtiges mitzuteilen hatte: »Nach einem halben Jahr dort habe ich endlich verstanden, dass wir die Palästinenser vor den Juden schützen müssen, statt umgekehrt. Es sind die Juden, die in dieser Gegend die Palästinenser bedrohen.« Leonie Schultens verdeutlicht dies am Schicksal einer der betroffenen Familien:

In einem der Häuser neben den Siedlungsbaracken wohnt der Palästinenser Hani mit seiner Familie. Wie in einem Käfig. Denn der Eingang und die ganze Vorderfront des Hauses sind mit einem engmaschigen Gitter versehen. Nicht etwa damit er mit seiner Familie im Haus bleibt, sondern damit die faulen Eier und die Steine der Siedler nicht ständig die Fenster zerstören. Hanis Schwester spricht in Arabisch und in Englisch von ihrem Leben, wenn man dieses denn so nennen kann: Arbeit und Haus, Attacken von Siedlern, sobald sie das Haus verlässt oder wieder in es zurückkehrt. »Man muss sich das mal vorstellen«, erklärt Yehuda, »diese Menschen können sich nicht einmal mit Freunden auf einen Kaffee treffen, ohne dass dies mit dem Militär abgesprochen und geplant wird. Es müssen Ausreisepapiere ausgestellt werden. Hier kann man keinen Freundeskreis pflegen«.

Weiter heißt es über das »Leben« in dieser Stadt:

Die ganze Realität in Hebron schreit nach dem »Warum?« Aber Yehuda sagt: »Hier ist verkehrte Welt. Hier wird geantwortet: ›Warum nicht?‹ Warum sollten die Siedler nicht palästinensische Mädchen auf dem Weg in die Schule mit Steinen beschmeißen? Warum sollten sie nicht einfach mit einer Mob-Mentalität in ein palästinensisches Haus einbrechen und alles zerschlagen? Warum sollten sie nicht Bäume abschlagen, damit die Wurzeln der Palästinenser in diesem Land verdorren? Warum sollten sie nicht Straße um Straße übernehmen, bis den Palästinensern nichts mehr geblieben ist?«

Als Soldat sei man in der Irrealität Hebrons gefangen. »Es erfasst dich einfach. Du kannst dich nicht dagegen wehren. Du möchtest etwas machen, etwas sagen, aber du darfst dich nicht gegen Befehle stellen«, sagt Yehuda. »Wenn ein Befehl lautet: ›Verriegelt die ganze Stadt!‹, dann müssen wir das tun. Oft hieß es: ›Zeigt Präsenz!‹ Das heißt nicht weniger, als in ein Haus nach dem anderen einzubrechen, es zu durchsuchen und die Familie währenddessen in eines der Zimmer einzusperren. Wie würde ich denken, wenn jemand in mein Haus einbrechen würde – einfach so?«

Abschließend stellt Leonie Schultens fest:

Trotz der Übergriffe von Siedlern, Armee und Polizei, trotz der Tatsache, dass sich in Hebron fast an jeder Straßenecke Siedler-Graffiti finden, die auf die Nazi-Zeit anspielen, etwa mit Slogans wie »Araber in die Gaskammern«, trotz all dem lässt sich Yehuda nicht einschüchtern. Seit Juni 2005 hat er mit seinen Kollegen von »Breaking the Silence« mehr als 900 Israelis nach Hebron gebracht.

Anja Reichel, mit dem Ökumenischen Beobachtungsprogramm in Israel und Palästina, berichtete in der Anfang 2006 erschienenen Ausgabe von *Im Lande der Bibel* ebenfalls vom »Ausnahmezustand in Hebron«:

Während die deutschen Medien noch von Scharons Krankenhausaufenthalt, seinem Luftröhrenschnitt und den möglichen Folgen seines Ausscheidens aus der Politik berichten, brennt in Hebron die Luft und so manches palästinensische Geschäft. Die kleine Gruppe von Siedlern in der Altstadt ist äußerst gewalttätig. Unsere Kolleginnen, die tagtäglich eine Gruppe von etwa 90 Kindern zu ihrer Schule begleiten, werden wie die Schüler regelmäßig von den Kindern der Siedler mit Eiern und Steinen beworfen. Sie werden als Nazis beschimpft, bespuckt, angerempelt. Die Armee steht meistens unbeteiligt daneben und greift nur selten ein.

Zum Abschluss ihres Berichts gesteht Anja Reichel, sie würde gern noch »etwas Positives« zum Ausblick sagen, könne sich jedoch nicht dazu durchringen, denn: »Diese Situation ist für uns nur eine der Schwierigkeiten, die wir während unseres drei- bis sechsmonatigen Aufenthalts zu bewältigen haben. Die betroffenen Palästinenser tragen diese Bürde ihr ganzes Leben.« Ja, Anja, sie tragen die Bürde schon fast 40 Jahre lang, allein. Sie erleben zahlreiche »Kristallnächte« und »Kristalltage«, und die Welt empört sich nicht, weil es Israel und seinen Verbündeten gelingt, sie in die Irre zu führen. An Anja Reichel sollten sich die Menschen ein Beispiel nehmen, insbesondere in Deutschland.

Die Apartheid von heute

Die Palästinenser und die jüdischen Siedler in den besetzten palästinensischen Gebieten leben strikt voneinander getrennt. Die Siedler haben eine eigene Gerichtsbarkeit, mehr als genug Wasser (Israel kontrolliert 83 Prozent des Wassers und nimmt für sich 80 Prozent in Anspruch), Grund und Boden, Baugenehmigungen, ein Schulsystem für sich, Straßen für sich, volle Bewegungsfreiheit und vieles mehr. Kurzum: Ganz im Gegensatz zu den rechtmäßigen Eigentümern des Landes fehlt es den illegalen Siedlern an nichts. Nach dem Völkerrecht ist die Besiedlung besetzten Gebiets unzulässig. Dennoch sollen wir glauben, dass die Siedler im Recht und diejenigen, die sich gegen sie zur Wehr setzen, im Unrecht sind.

Die israelische Menschenrechtsorganisation *B'Tselem* hielt in einer umfangreichen Studie zu Israels Siedlungspolitik in den besetzten Gebieten (*Land Grab*, 2002) abschließend fest: »Israel betreibt in den besetzten Gebieten eine auf Diskriminierung beruhende Segregation: In ein und demselben Gebiet gelten zwei verschiedene Rechtssysteme, und das Recht des Einzelnen hängt von seiner Nationalität ab. Dieses Regime ist weltweit das einzige seiner Art und erinnert an abstoßende Regime früherer Zeiten, so zum Beispiel an das südafrikanische Apartheidregime.«

Der Vergleich mit der südafrikanischen Apartheid drängt sich in der Tat jedem Besucher der besetzten Gebiete, zumal jedem südafrikanischen, unwillkürlich auf. Desmond Tutu sprach im Jahr 2002 offen über sein Entsetzen: »Juden zählten in unserem Kampf gegen die Apartheid zu unseren größten Unterstützern. Wie auch anders? Sie schlugen sich beinahe instinktiv auf die Seite der Entrechteten, auf die Seite derjenigen, die keine Stimme hatten, auf die Seite derer, die gegen Unrecht, Unterdrückung und das Böse kämpften. Ich habe mich immer stark mit den Juden identifiziert. Ich bin Schirmherr eines südafrikanischen Holocaustmuseums. Ich bin der Überzeugung, dass Israel ein Recht auf sichere Grenzen hat. Wofür ich hingegen kein Verständnis habe und was nicht zu rechtfertigen ist, ist das, was Israel im Zuge der eigenen Existenzsicherung einem anderen Volk antut. Mein Besuch im Heiligen Land hat mich zutiefst erschüttert. Es hat mich so sehr daran erinnert, wie man mit uns Schwarzen in Südafrika umgesprungen ist.«

Auch der israelische Anthropologe und Philosoph Uri Davis hat sich eingehend mit der israelischen Variante der Apartheid befasst. Anhand konkreter Beispiele hat Davis die zahlreichen Parallelen herausgearbeitet, ohne jedoch die Unterschiede, die es durchaus gibt, zu ignorieren (siehe sein Buch *Apartheid Israel*). Ich möchte an dieser Stelle nur einige der für mich wichtigsten Parallelen aus einer Übersicht herausgreifen, die der Vorsitzende des Kanadisch-Islamischen Kongresses, Mohamed Elmasry, anhand von Davis' Forschungsergebnissen zusammengestellt hat:

Israel: Die Apartheidmauer (laut Regierung ein »Sicherheitszaun«) trennt palästinensische Gemeinden voneinander und raubt den Palästinensern Land.

Südafrika: Nach dem Segregationsprinzip errichtete Bantustans, die offiziell (aber fälschlicherweise) unter der Bezeichnung »Unabhängige Homelands« liefen, zwangen Millionen afrikanischer Schwarzer in künstliche Reservate ohne Zugang zum Meer.

Israel: Jüdische Einwohner Westjerusalems, die sich wegen irgendeiner Angelegenheit an eine staatliche Behörde wenden, werden nach relativ kurzer Wartezeit, die sie in klimatisierten Räumen verbringen, bedient. In Ostjerusalem bilden sich beim Behördengang schon mitten in der Nacht Schlangen, denn die Palästinenser wissen: Wenn sie sich nicht frühzeitig anstellen (oder jemanden dafür bezahlen, dass er es stellvertretend für sie tut), besteht nicht einmal der Hauch einer Chance, bedient zu werden. Nach Sonnenaufgang müssen sie stundenlang draußen in der Hitze ausharren, vor einem Tor mit Eisengitter, nur um Routineangelegenheiten zu erledigen. Sie sind vielleicht nur wegen Ausweispapieren, einer Geburts- oder Sterbeurkunde gekommen, müssen aber oft mit leeren Händen nach Hause gehen.

Südafrika: In Johannesburg wurden Weißen, Schwarzen und gemischt-rassigen »Farbigen« beim Besuch staatlicher Behörden, wie zum Beispiel dem Innenministerium, unterschiedliche Eingänge zugewiesen. Dort wurden sie dann bedient - oder auch nicht. Je nach Hautfarbe.

Israel: Das Leben der palästinensischen Einwohner Ostjerusalems wird von Israel stark reglementiert. So wird ihnen vorgeschrieben, wen sie heiraten dürfen, wo sie ihren Wohnsitz nehmen können und in welche Schule sie ihre Kinder schicken dürfen. Israel entscheidet auch, in welches Krankenhaus sich der Einzelne zu begeben hat, vorausgesetzt dass ihm der Krankenhausbesuch überhaupt gestattet wird.

Südafrika: In Südafrika wurden ähnliche, sich nach der Rassezugehörigkeit richtende Bestimmungen erlassen. Auch hier wurde vom Staat vorgeschrieben, wen man heiraten durfte, wo man seinen Wohnsitz nehmen konnte, in welche Schule man seine Kinder zu schicken hatte und in welchem Krankenhaus man sich behandeln lassen konnte.

Israel: Die in Ostjerusalem lebenden Palästinenser werden von Israel – selbst wenn sie, wie viele von ihnen, dort geboren wurden – nicht als Staatsbürger mit vollen Rechten anerkannt, sondern als Einwanderer mit »Daueraufenthaltsgenehmigung« eingestuft.

Südafrika: Die meisten schwarzen Einwohner Südafrikas wurden nicht als Bürger der Städte und Townships behandelt, in denen sie geboren wurden, sondern als Bürger weit entfernter Orte, in denen einmal ihre Vorfahren lebten, obwohl in vielen Fällen weder die Betroffenen selbst noch ihre Eltern oder Großeltern den jeweiligen Ort je zu Gesicht gekriegt hatten.

Israel: Israel ist heute die einzige westliche Gesellschaft, in der der Staat Baugenehmigungen allein aufgrund der Rassezugehörigkeit verweigert.

Südafrika: Unter dem südafrikanischen Apartheidregime wurden Baugenehmigungen je nach Rassezugehörigkeit erteilt oder verweigert.

Israel: Durch den Jüdischen Nationalfond und die israelische Landbehörde haben die israelischen Regierungen nach und nach immer mehr Land für Juden reserviert. In vielen Fällen enteignete der Staat hierfür die ursprünglichen arabischen Besitzer, ohne sie zu entschädigen. Der Anteil des innerhalb Israels für Juden reservierten Landes beträgt heute 93 Prozent.

Südafrika: Im Südafrika der Kolonialzeit und der Apartheid wurden insgesamt 87 Prozent des Landes für Weiße reserviert. Durch den »Population Registration Act« wurden Südafrikaner anhand einer ganzen Reihe von Rassekriterien in verschiedene Kategorien eingeordnet, mit denen unter anderem festgelegt wurde, wer auf dem für Weiße reservierten Land wohnen durfte und wer nicht.

Israel und Südafrika: Unter dem israelischen Regime wird heute, so wie damals unter dem südafrikanischen Apartheidregime, die unterdrückte Bevölkerung als Volk von »Terroristen« verteufelt, um die zunehmend stärkere Verletzung ihrer Menschen- und Bürgerrechte zu rechtfertigen. In beiden Fällen haben die Regime versucht, den Rest der Welt von ihrer absurden Logik zu überzeugen, dass die Schuld für die vom Staat verabreichte Gewalt bei den Opfern dieser Gewalt liegt. Das südafrikanische und das israelische Apartheidregime sind beste Anschauungsbeispiele dafür, wie Terrorstaaten versuchen, sich reinzuwaschen, indem sie die Schuld auf ihre Opfer schieben.

Israel: Israel treibt im Westjordanland mit großem Tempo den Ausbau eines parallelen Straßennetzes voran, auf das die Palästinenser ausweichen sollen, weil viele der bereits bestehenden (und besseren) Straßen nur von Juden benutzt werden dürfen. Die israelische Menschenrechtsorganisation *B'Tselem* hat dargelegt, dass dieses System eindeutig Ähnlichkeiten mit dem auf Ausschluss und Isolation bedachten Straßensystem unter dem rassistischen Apartheidregime Südafrikas aufweist.

Israel: Mit dem so genannten Sicherheitszaun, der in Wirklichkeit eine Apartheidmauer ist, raubt Israel den Palästinensern in den besetzten Gebieten noch mehr Land. Die Mauer reißt Gemeinschaften auseinander, beraubt Palästinenser der Möglichkeit, sich ihren Lebensunterhalt zu verdienen, nimmt ihnen den Zugang zu Schulen und anderen Bildungseinrichtungen und schlägt die natürlichen Ressourcen des Landes der israelischen Seite zu.

Südafrika: Dem südafrikanischen Apartheidsystem ging es darum, die besten Teile des Landes für die Weißen zu reservieren und die Schwarzen in diejenigen Landesteile zu pferchen, die für die Besiedelung am wenigsten geeignet waren, insgesamt am wenigsten zu bieten hatten und vom Staat am meisten vernachlässigt wurden.

Israel und Südafrika: Fast jeden Tag beraubt Israel Palästinenser in den besetzten Gebieten ihrer Häuser, Felder und Obstgärten, indem es Bulldozer im Staatsauftrag alles zerstören lässt. Während der Hochzeit der südafrikanischen Apartheid kam es im Zuge von Umsiedelungsprogrammen ebenfalls zur Zerstörung von Eigentum, wenn auch nicht in dem Ausmaß, wie es die Palästinenser im Westjordanland zu ertragen haben.

Der israelische Journalist Gideon Levy, der für *Haaretz* aus den besetzten Gebieten berichtet, schrieb am 23. Oktober 2005 Folgendes über die Apartheid auf den Straßen des Westjordanlandes:

Seit fast fünf Jahren wird 2,5 Millionen Bewohnern des Westjordanlandes das Grundrecht auf Freizügigkeit verwehrt. Hin und wieder lockert Israel die Zügel, was in den letzten Monaten der Fall war, und dann zieht es sie wieder an, so wie jetzt. Die Unterschiede sind jedoch verschwindend gering, und es ist und bleibt eine Tatsache, dass die Bewohner des Westjordanlandes in einem Gefängnis wohnen. Wenn die einschränkenden Maßnahmen wieder einmal verstärkt werden, macht sich das für die Palästinenser kaum bemerkbar; diese Entscheidungen dienen eigentlich nur dazu, den Siedlern einen Gefallen zu tun.

Kaum ein Israeli vermag sich vorzustellen, wie sich die willkürlichen Entscheidungen des Verteidigungsestablishments auf den Alltag der Menschen hier auswirken. Für wie viele Tage kämen wir wohl ohne unsere Privatautos zurecht? Wer von uns hat irgendeine Ahnung, wie es sich anfühlt, wenn man den Hawara-Kontrollpunkt – an den Tagen, an denen er vermeintlich geöffnet ist – zu durchqueren versucht, und was für eine Erfahrung es ist, sich in die Menschenmassen am Qalandia-Kontrollpunkt einreihen zu müssen? Wer von uns weiß, wie lange ein Dialysepatient auf den Straßen unterwegs ist, um von Tulkarem nach Ostjerusalem zu gelangen, um sich dort im Krankenhaus behandeln zu lassen? Jeder Weg, den ein Palästinenser im Westjordanland zurücklegt, wird für ihn mittlerweile unweigerlich zu einem Alptraum voller Demütigungen, voller Angstzustände.

Indem Israel die Straßen für Palästinenser sperrt, betreibt es ganz bewusst den wirtschaftlichen Ruin des palästinensischen Volkes. Es ist also kein Wunder, dass 60 Prozent der palästinensischen Bevölkerung unterhalb der Armutsgrenze leben. Im Januar 2006 zerpflückte Amira Hass in *Haaretz* das ewige Argument der Armee, diese Maßnahmen erfolgten aus »Sicherheitsgründen« zum Wohle der israelischen Bürger. Die dahinter steckende Logik kommentierte Amira Hass wie folgt:

Nach dieser Logik steht es Israel zu, in den besetzten Gebieten ein Rechtssystem zu installieren, in dem das Recht mit zweierlei Maß gemessen wird, nämlich mit einem Maß für Juden und mit einem anderen für Palästinenser. Während die Juden etwa in den Bereichen Wohnungsbau, Freizügigkeit, Lebensunterhalt, Infrastruktur, Bodennutzung und Wasserverbrauch auf ihre uneingeschränkten Rechte pochen können, werden die Palästinenser systematisch ihrer Menschen- und Bürgerrechte beraubt.

Nach dieser Logik müssen sich die Palästinenser mit immer kleiner werdenden Landparzellen begnügen, deren Besitz sie nachweisen können. Die größeren Ländereien, deren Besitz nicht bei der israelischen Landbehörde eingetragen ist, gehören automatisch »Israel« und den Siedlerräten.

Die Siedler betreiben keine Politik; sie sind deren Resultat. Jeder hier ist mit sich im Reinen, niemand hat Gewissensbisse angesichts Hunderter verarmter Gemeinden, die praktisch in Gefängnisse verwandelt wurden, nur damit die israelische Armee damit fortfahren kann, das Projekt des Staates Israel zu schützen: so viel Land wie möglich zu kontrollieren und so viele Palästinenser wie möglich fortzujagen.

Als im Jahr 2001 mein Buch *Quo vadis Israel? – Die neue Intifada der Palästinenser* erschien, widmete ich es meiner Enkelin Naomi, die damals noch ein kleines Baby war, und den palästinensischen Frauen, die an den von Israel eingerichteten Kontrollpunkten ihre Kinder zur Welt bringen mussten. Das vorliegende Buch ist meinem jüngsten Enkelkind Valentin gewidmet; und wieder denke ich an all die Frauen, die gezwungen sind, an den Kontrollpunkten des Besatzungsregimes zu gebären. Nicht jedes Kind, das das Licht der Welt an einem solch finsteren Ort erblickt, schafft es, so lange am Leben zu bleiben, bis es umsorgt werden kann. Die Trauer dieser Frauen und ihrer Familien muss unendlich groß sein … Die israelische Propagandamaschinerie hat die Palästinenser schon so weit entmenschlicht, dass nicht einmal hochschwangere Frauen und Neugeborene Schutz genießen. (Nur ein toter Indianer ist ein guter Indianer?) Wie die BBC am 23. September 2005 berichtete, sind auch die Vereinten Nationen alarmiert:

Seit dem Jahr 2000 haben mehr als 60 palästinensische Frauen an israelischen Kontrollpunkten gebären müssen, und 36 der Neugeborenen sind daraufhin gestorben, so ein Bericht der Vereinten Nationen. Erstellt wurde dieser Bericht, in dem die Auswirkungen der Kontrollpunkte auf Schwangere untersucht wurden, von der Hochkommissarin für Menschenrechte. Sie weist darauf hin, dass immer wieder Frauen aufgrund der Verzögerungen gezwungen sind, ihr Kind ohne Hilfe zur Welt zu bringen, und dass dabei auch immer wieder Frauen und Kinder sterben … Dem Bericht liegen Informationen zugrunde, die von verschiedenen UN-Spezialorganen und UN-Sonderorganisationen zusammengetragen wurden.

Die Weltgesundheitsorganisation verweist auf Zahlen des palästinensischen Gesundheitsministeriums, die besagen, dass zwischen September 2000 und Dezember 2004 61 Palästinenserinnen an israelischen Kontrollpunkten gebären mussten. In den Jahren 2000 bis 2001 hätten 31 Schwangere ihre Kinder dort zur Welt gebracht, und 17 dieser Neugeborenen seien bei der Geburt gestorben. Im Jahr 2002 hätten 16 Frauen ihr Kind unter derartigen Bedingungen zur Welt gebracht; dabei seien elf Babys gestorben ...

Der Bevölkerungsfonds der Vereinten Nationen (UNFPA), der unabhängig von der Weltgesundheitsorganisation Daten erhebt, hat für die Zeit seit 2001 sogar mehr als 70 Fälle von Schwangeren dokumentiert, die an Kontrollpunkten aufgehalten wurden, obwohl bei ihnen bereits die Wehen eingesetzt hatten ... Nach Angaben des UN-Hilfswerks für Palästinaflüchtlinge (UNRWA) waren im Jahr 2004 15 Schwangere gezwungen, bis zu zweieinhalb Stunden an Kontrollpunkten zu warten; weitere acht Frauen seien bislang im Jahr 2005 aufgehalten worden. Einige der Frauen, die schließlich durchgelassen worden seien, hätten am Kontrollpunkt den Krankenwagen wechseln müssen.

Nachdem ich, wie oben beschrieben, im Mai 2005 Gelegenheit hatte, den berüchtigten Qalandia-Kontrollpunkt zu erleben, erfuhr ich, dass dieser nun modernisiert werden solle, angeblich um den »humanitären« Ansprüchen Genüge zu tun. Diesen neuen Kontrollpunkt habe ich noch nicht mit eigenen Augen gesehen, aber Amira Hass hat ihn gesehen und beschrieben. Am 28. Dezember 2005 schilderte sie die Szenen, die sich dort abspielen, in *Haaretz*, wobei es ihr weniger auf die Details an sich ankam als vielmehr auf die hinter diesen Details steckende politische Agenda Israels, nämlich die Zementierung des kolonialistischen Unrechts:

Allmorgendlich treffen Hunderte von Leuten vor drei schmalen, stählernen Drehtüren ein, die stillstehen, weil irgendwo im Verborgenden jemand sitzt, der sich weigert, auf den Knopf zu drücken, mit dem sie sich im Nu öffnen ließen. Die Leute, die da dicht gedrängt auf Durchlass warten, werden immer mehr. Sie stehen hier für eine Stunde, und die Wut darüber, dass sie nun schon wieder zu spät zur Arbeit oder in die Schule kommen, verstärkt ihre bereits angestaute Wut, ihre Bitterkeit und ihre Hilflosigkeit noch zusätzlich.

Als weitere »Details« nennt Amira Hass unter anderem: »das im weiteren Verlauf des Inspektionsmarathons zu ertragende Gedränge«; »die beklemmende Atmosphäre, dort, vor den Metalldetektoren und den geschlossenen Räumen, in denen die Soldaten sitzen und Dokumente inspizieren«; »die Drehtüren, die dann noch einmal zu durchqueren sind«; »die Kameras, die die Soldaten und Kommandeure zugleich sehend und unsichtbar werden lassen; die knurrige Stimme aus dem Lautsprecher, die Befehle auf Hebräisch erteilt; die Angst einflößenden Betonmauern über dem Komplex und um ihn herum«; »die von israelischen Bulldozern und Bauplanern verursachte Zerstörung außerhalb dieses Käfigs, den Israel als ›Grenzterminal‹ bezeichnet und der nun dort steht, wo sich einst entlang der sanften Hügel und der Straße von Ramallah nach Jerusalem Wohngebiete aneinander reihten«. Diese mir so vertraute Straße von Ramallah nach Jerusalem … Was haben sie nur aus ihr gemacht, während die Welt die Augen verschloss?

Kurz nach Amira Hass schilderte auch eine israelische Friedensaktivistin von *Machsom Watch* ihre persönlichen

Eindrücke* von diesem »Terminal«, den die Palästinenser als »Qalandia-Gefängnis« bezeichnen:

Jeden Tag zerbrechen wir uns vergeblich den Kopf, wie wir an das normale, noch geistig gesunde israelische Publikum herankommen können ... Gestern gingen wir, 17 Frauen, an den Eingang zum Qalandia-Gefängnis (dem neuen Terminal), um dort zu demonstrieren. Die Armee schloss gerade die letzte Öffnung des gigantischen Mauer- und Barrierenetzwerkes. Palästinensische (!) Arbeiter rückten den acht Meter hohen Betonblock mit der Hand zurecht, als ein riesiger Kran ihn zu Boden ließ. Dies allein kann einen schon durch seine reine Irrationalität, verbunden mit gewaltiger Macht und einer Unmenge Geld, wahnsinnig machen. Die Demo war zu klein und zahm im Vergleich zu der entsetzlichen Realität, wie wir sie sehen, auch wenn wir keine Worte finden können, um sie zu beschreiben ...

Ich bin jetzt dreimal an diesem neuen Terminal gewesen – und kann nur noch weinen. In meinen Augen ist es ein Nazi-KZ, das dich mit den Worten »Hoffnung für uns alle« und dem Bild einer großen roten Blume begrüßt. An ihren Wurzeln steht auf Arabisch »Sicherheit«, auf dem Stängel »Ordnung« und auf den fünf Blütenblättern »Entwicklung«, »Investment«, »Wohlstand«, »Einkommen« sowie »Bildung und Kultur«. Das Einzige, was fehlte, war »Arbeit macht frei«.

Wenn man hineingeht, kommt man in ein steriles Labyrinth, zwischen einem Netzwerk von Stangen, Gittern, eisernen Drehtüren, die von unsichtbaren Soldaten kontrolliert werden, die irgendwo auf einen Knopf drücken und dich durchlassen. Es sind Drehtüren, durch die absichtlich weder ein Kinderwagen noch ein Rollstuhl passt. Dann gibt es grüne und rote Lichter, die an- und ausgehen, da der unsichtbare Soldat den Knopf willkürlich

* »Ich kann nur noch weinen ...«, Bericht einer Friedensaktivistin in Israel vom 18. Januar 2006, mit geringfügigen Änderungen zitiert nach www.arendt-art.de, Übersetzung Ellen Rohlfs

bedient. Es gibt noch andere elektronische Zeichen, wie wir sie von jedem Flughafen kennen – die mit den laufenden, leuchtenden Buchstaben. Man kann dann lesen: »Hab einen schönen Aufenthalt!« oder »Genieße deinen Aufenthalt!« oder »Fröhliche Feiertage!« und andere »normalisierende« Effekte. Wenn man durch dieses Labyrinth durchgeht, kommt man sich wie eine Maus in einem Versuchslaboratorium vor. Es ist so grausam, banal und böse, dass es dich völlig verwirrt. Es ist dafür gedacht, dich so weit zu demütigen, dass du verrückt wirst, und gleichzeitig verkündet es der Welt, die diesen Terminal bezahlte, dass es nur ein harmloser Sicherheitsdurchgang sei. Es fehlen mir die Worte, dies zu beschreiben.

Ich denke an die ursprüngliche südafrikanische Apartheid und an unsere Variante, die israelische. Ja, ich sehe da durchaus Unterschiede. Unsere Apartheid ist ausgeklügelter, irreführender, aber nicht weniger verbrecherisch.

In diesem Sinne möchte ich den früheren Nachrichtendienstchef des bewaffneten Arms des Afrikanischen Nationalkongresses, den heutigen Nachrichtendienstminister Südafrikas, Ronnie Kasrils, zitieren, der übrigens auch Jude ist. Er meldete sich im Mai 2006 gemeinsam mit der Publizistin Victoria Brittain im englischen *Guardian* zu Wort:

Den Palästinensern werden Sanktionen auferlegt, weil ihr Wahlergebnis nicht genehm ist. Stattdessen sollten jedoch über Israel UN-Sanktionen verhängt werden, ist die Regierung doch gerade dabei, weitere Tatsachen zu schaffen, die die Gründung eines lebensfähigen palästinensischen Staates verhindern werden. UN-Generalsekretär Kofi Annan sollte seine letzten Monate im Amt dazu nutzen, für Sanktionen einzutreten, damit Israel die im Rechtsgutachten des Internationalen Gerichtshofes enthaltenen Forderungen bezüglich der israelischen Mauer erfüllt, die Siedlungen im Westjordanland räumt und die palästinensischen politischen Gefangenen freilässt. Und all diejenigen, denen Freiheit, Frieden und Gerechtigkeit am Herzen liegen, müssen eine weltweite Solidaritätsbewegung für die Palästinenser aufbauen, die die gleiche Kraft entwickelt wie die Anti-Apartheid-Bewegung der achtziger Jahre.

Dieser Aufgabe sollten wir uns alle widmen. Eines möchte ich betonen: Der Ruf nach Boykott und Sanktionen richtet sich *nicht* »gegen Israel« und schon gar nicht »gegen die Juden«. Es geht einzig und allein darum, Israel durch politischen und wirtschaftlichen Druck zur Beendigung seiner menschenverachtenden Politik zu zwingen, um endlich einen gerechten Frieden in der Region herbeizuführen. Dieses Engagement ist in Wirklichkeit pro-palästinensisch *und* pro-israelisch. Noch einmal Desmond Tutu: »Mein Bruder Naim Ateek hat genau das gesagt, was wir auch immer gesagt haben: ›Ich bin weder für dieses noch für jenes Volk. Ich bin für Gerechtigkeit, für Freiheit. Ich bin gegen Ungerechtigkeit, gegen Unterdrückung.‹«

Wir müssen die Palästinenser in ihrem Kampf gegen dieses Unrechtssystem unterstützen. Apartheid darf unter der Sonne keinen Platz haben. Nirgends.

Jerusalem, Bethlehem und die Mauer

Wenn ich nicht gerade in den besetzten Gebieten unterwegs war, fand mein Berufsleben in Jerusalem statt, denn dort, in Westjerusalem, stand meine Anwaltskanzlei. (Unser Wohnsitz war während der 40 Jahre, die wir in Israel lebten, immer in Tel Aviv oder Umgebung.) Ich habe die Stadt also 23 Jahre lang hautnah erlebt, von 1967 bis 1990.

Die Palästinenser mussten in diesen Jahren schreckliches Leid ertragen, und ihr Leid war für mich, die ich mit ihnen fühlte und ihnen half, wo ich nur konnte, auch meines. Mit der ersten Intifada wurde ich jedoch zu einer Anwältin der Toten. Ich kümmerte mich um das Schicksal von Palästinensern, die, obwohl unbewaffnet, von der israelischen Armee getötet worden waren. Es wird heute gern vergessen, dass der erste Aufstand der Palästinenser, der 1987 begann, ein überwiegend gewaltloser war.

Meine Zeit in Jerusalem war geprägt vom Zorn über das Unrecht. Dieses Unrecht dauert bis heute an und mit ihm mein Zorn. Um die Kontinuität des Bösen zu verdeutlichen, möchte ich hier von zwei Ostjerusalemer Ereignissen aus dem Jahre 1969 berichten, über die ich in den siebziger Jahren (*Mit eigenen Augen*) Folgendes schrieb:

Qasim Abu Aqr

In einem Pressebericht über ihn heißt es: »Tod im Gefängnis führt zu stürmischen Debatten in der Knesset: Der Leichnam eines Bürgers aus Ostjerusalem, Qasim Abu Aqr, der seit einer Woche im Jerusalemer Gefängnis inhaftiert war, wurde am Montagmorgen von der Jerusalemer Polizei vom Gefängnis direkt auf den Friedhof gebracht. Die Polizei machte der Familie zur Auflage, ihn unverzüglich zu beerdigen. Dies enthüllte der Abgeordnete Uri Avnery am Dienstagabend in der Knesset während der Erörterung seiner Vorbehalte gegenüber dem Haushaltsplan. Avnery bemerkte zu dem Fall: »Das sollte uns zur Warnung über gewisse Verhörpraktiken dienen.«

Am 26. März 1969 veröffentlichte die Zeitung *Haaretz* einen Artikel, in dem zu lesen war: »Die Nachricht über den Tod von Qasim Abu Aqr (30), einem Bürger aus Beit-Hanina, im Jerusalemer Gefängnis, hat Erregung und Verbitterung in Ostjerusalem hervorgerufen. Die meisten Einwohner dieser Stadt sind der Meinung, dass der Tod des Mannes auf Gewaltanwendung und Folterung durch die Polizei zurückzuführen ist. Seine Verwandten sagen, die Polizei habe von ihnen verlangt, ihn nachts zu beerdigen, was sie auch taten. Er war, zusammen mit seiner Frau, wegen des Verdachts terroristischer Betätigung verhaftet worden. Nach seinem Tod wurde sie entlassen. Sie und ihr Vater sowie die muslimischen Totengräber waren als Einzige bei der Bestattung zugegen.«

Haaretz schloss mit den Worten: »Das Sha'arei-Tzedek-Krankenhaus hat bekannt gegeben, dass der Verstorbene bereits tot war, als er eingeliefert wurde. Ein Krankenhausarzt stellte den Tod fest; danach wurde der Leichnam von der Polizei zur Feststellung der Todesursache ins Pathologische Institut gebracht.«

Ich war zum Zeitpunkt seines Todes zwar nicht Qasims Anwältin, doch ich erwähne ihn, weil seine Zellengenossen, die die ganze Zeit mit ihm zusammen gewesen waren, erzählten, er hätte sie gebeten, mich mit ihm in Verbindung zu setzen. Er hatte vorgehabt, mich als seine Verteidigerin für den Prozess zu wählen, den man ihm wahrscheinlich gemacht haben würde. Er war noch jung, und nach Aussage seiner Bekannten war er ein guter

Freund, ein Mensch, der niemandem etwas zuleide getan hätte. Sie hatten gesehen, wie er blau von Schlägen zurückkehrte, manchmal auch bewusstlos. Sie konnten ihn nicht retten. Sie hörten auch die Erklärungen der Polizei, dass er gestolpert und die Treppe heruntergefallen war. Sie hörten dies alles und konnten darüber nur lachen. »Wir, die wir noch leben, kennen die Leute, die ihn verhört haben, weil sie uns ebenfalls verhört haben. Wir kennen ihre Methoden.«

Kollektivschuld

Am 20. Juni 1969 warf jemand in der Al-Wad-Straße in Ostjerusalem eine Handgranate. Der Kommandeur der Zentralregion entschied sich für eine besonders wirkungsvolle Form der Bestrafung: die Evakuierung des gesamten Viertels, gemäß den (Notstands-) Verteidigungsverordnungen von 1945. Die Bewohner protestierten, das Echo des Protestes reichte bis zu den Vereinten Nationen, und dennoch wurde die Evakuierung durchgeführt.

Zwei Bewohner des Viertels, Al-Sheikh Ismail Muhammad Aquil und Muhammad Suleiman Abu Sanina, wandten sich an den Obersten Gerichtshof. Sie waren Mieter des Hauses Al-Wad-Straße 109, in dessen Erdgeschoss sich ein Geschäft befand. Ich schrieb eine Anrufung, in der ich feststellte, dass der Befehl zur Beschlagnahme und Evakuierung ein Willkürakt war, der einen alten Mann dem Hunger preisgab und zwölf Menschen das Obdach nahm, ohne dass sie irgendwie straffällig geworden wären. Damit wurde gegen friedliche Mieter eine Kollektivbestrafung für eine Tat festgesetzt, die sie nicht begangen hatten, was einen Verstoß gegen die Genfer Konvention bedeutete.

Der Oberste Gerichtshof wurde ersucht, der Bitte der Appellanten zu entsprechen und eine einstweilige Verfügung gegen den Sicherheitsminister und den Kommandeur der Zentralregion zu erlassen, in der diese vorgeladen würden, um zu erklären, warum die Beschlagnahme nicht widerrufen würde. Diese Art der Anrufung wird gewöhnlich an einen einzelnen Richter gesandt, der befugt ist, die beantragte einstweilige Verfügung zu erlassen. Wenn er den Antrag nicht billigt, reicht er die Sache an drei Richter weiter. In den letzten Jahren hat das Oberste Gericht, das als der Oberste Gerichtshof tagte, die »Sicherheitsargumente« der Behörden immer ohne jedes Zögern akzeptiert. Schon das bloße Wort »Sicherheit« genügt, um das Gesuch des Appellanten zurückzuweisen.

Die Erörterung des Genannten wurde von drei Richtern geführt: M. Landau, B. Halevy und Y. Kister. Sie wiesen das Gesuch mit der Begründung zurück, es sei »keine Basis für unser Eingreifen« gegeben. Sie rieten dem Appellanten, sich »an den Kommandeur der Zentralregion zu wenden um seine Reaktion auf diese Entscheidung in Erfahrung zu bringen«. Es erübrigt sich zu sagen, dass wir nicht sehr neugierig auf die Stellungnahme des Gebietskommandeurs waren, da in erster Linie er die Beschlagnahme angeordnet und die Endgültigkeit dieser Entscheidung bereits bekannt gegeben hatte.

Die Folterungen und Vertreibungen, die Zerstörung palästinensischer Häuser und die völkerrechtswidrige Besiedelung des palästinensischen Ostjerusalems durch Israelis, die ganze verrohte Justiz der Besatzer, all das hat das Leben der Palästinenser schon damals zur Qual gemacht. Aber nun ist es noch schlimmer gekommen – mit dem Bau der Mauer, von deren Monstrosität ich mich, wie gesagt, im Mai 2005 selbst überzeugen konnte, als ich einige der bereits bestehenden Teilabschnitte besichtigte. Was für verheerende Auswirkungen die Mauer in Ostjerusalem haben wird, beschrieb *The Palestine Monitor* im Juli 2005:

Das israelische Kabinett hat soeben den endgültigen Verlauf der Apartheidmauer im Bezirk Jerusalem gebilligt, ungeachtet der Tatsache, dass die Palästinenser und die internationale Gemeinschaft diesen Verlauf ablehnen. Der Mauerbau in Jerusalem soll laut Kabinettsbeschluss bis zum 1. September abgeschlossen sein. Diese Entscheidung fällte das Kabinett exakt ein Jahr, nachdem der Internationale Gerichtshof in seinem Rechtsgutachten klargestellt hatte, dass die Mauer gegen das Völkerrecht verstößt und abgebaut werden muss und dass Israel die Opfer unverzüglich zu entschädigen hat. Mit der Rückendeckung aus Amerika ignoriert Israel das Rechtsgutachten weiterhin.

Der endgültige Mauerverlauf wird Kufr Aqab, Anata und das Flüchtlingslager Shuafat von Ostjerusalem abschneiden. Nach palästinensischen Schätzungen wird dieser Verlauf die Isolierung von 100 000 Palästinensern bedeuten. Israel behauptet, durch diesen Verlauf würden »nur« 55 000 Palästinenser isoliert, unter ihnen 3 600 Schüler. Dass dieses Segment der Stadt auf diese Weise von seiner Grundversorgung abgeschnitten wird, ist nach Auffassung des israelischen Handels- und Finanzministers Ehud Olmert akzeptabel.

Israelische Sprecher haben bereits den Neubau von öffentlichen Einrichtungen auf der palästinensischen Seite der Mauer angekündigt, als Ersatz für die Einrichtungen, die aufgrund der Mauer unerreichbar sein werden. So sollen etwa neue Krankenhäuser, Postämter und Schulräumlichkeiten entstehen. Die Sprecher behaupten auch, Israel werde die Einwohner Jerusalems auch weiterhin mit sozialen und wirtschaftlichen Dienstleistungen, einschließlich Versicherungen, versorgen.

Palästinensische Sprecher halten diese offiziellen Verlautbarungen Israels indes für reine PR-Maßnahmen. Wie der Direktor des Jerusalemer Zentrums für Soziale und Wirtschaftliche Rechte, Ziyad Hammouri, berichtete, hat Israel bereits damit begonnen, die blauen Personalausweise der palästinensischen Einwohner der Stadt einzuziehen. Ohne diese Ausweise verlieren sie das Recht, Jerusalem betreten und diverse Dienstleistungen, wie etwa Versicherungen, in Anspruch nehmen zu können. Hammouri rechnet damit, dass Israel sämtliche israelischen Dienstleistungen für die Einwohner der isolierten Stadtteile einstellen wird, sobald diese vollständig abgeschnitten sind.

Wie es scheint, will Israel diejenigen in der Jerusalemer Gegend gelegenen palästinensischen Gemeinden, deren Zugang zur Stadt nicht durch die Mauer blockiert sein wird, anderweitig isolieren. So plant Israel zum Beispiel, das westlich der Mauer gelegene Ostjerusalemer Dorf Al Asawiyya mit dem östlich der Mauer gelegenen Anata zu verbinden und dann alle nach Jerusalem führenden Straßen dichtzumachen.

In der israelischen Zeitung *Yedioth Ahronot* kommentierte B. Michael im Juli 2005 den Mauerbau wie folgt:

Und hier die größte Lüge von allen: »Der Zaun ist dazu da, uns Sicherheit zu bringen.« Nur jemand, der mit aller Macht an seiner Unwissenheit festhält, jemand, der sich weigert, zur Kenntnis zu nehmen, wo die Mauer verläuft und wer durch sie von wem getrennt wird, nur jemand, der es strikt ablehnt, darüber nachzudenken, wie die Mauer beschaffen ist und warum sie wohl so verläuft, wie sie verläuft, nur so jemand kann sich unschuldig in dem Glauben wiegen, dass diese Mauer das Ergebnis von Sicherheitsüberlegungen ist. Selbst wenn wir einmal annehmen, dass so ein Zaun das richtige Mittel ist, um Sicherheit herzustellen, bleibt festzuhalten, dass es in Wahrheit nur *eine* Grenze gibt, die die Juden Jerusalems von ihren angeblichen Feinden trennt, und diese Grenze ist ziemlich genau identisch mit der »Grünen Linie«, der Grenze zwischen Jerusalem und Al Quds.* Doch die Mauer steht ganz woanders.

Dass die Jerusalemer nicht das Geringste über die Mauer wissen, die in ihrer Stadt hochgezogen wurde, ist eine Bildungslücke, die uns allen zur Schande gereicht. Wenn wir doch bloß alle Israelis oder wenigstens alle Einwohner Jerusalems dazu brin-

---

* Grüne Linie: die Waffenstillstandslinie von 1949, also die Grenze, die vor dem Sechstagekrieg von 1967 bestand und auf die Israel sich gemäß dem Völkerrecht zurückzuziehen hat; Al Quds: der arabische Name für Jerusalem

gen könnten, einmal die ganze Strecke der Jerusalemer Mauer abzulaufen, um mit denjenigen zu sprechen, die unter ihr zu leiden haben, und sich anzuschauen, wie aufgrund dieses dummen, von Bulldozern und Betonwänden herbeigeführten Übels das Leben der Leute zerstört wird; dann würden sie mit eigenen Augen sehen, dass die Jerusalemer Mauer weder der Grenze, die Nikosia teilt, noch dem Stacheldrahtlabyrinth von Belfast ähnelt. Dort werden durch die Grenzen und Absperrungen sich feindselig gegenüberstehende Einwohner, verfeindete Völker und von gegenseitigem Hass erfüllte Menschen voneinander getrennt. Das ist hier nicht der Fall. Die Jerusalemer Mauer ähnelt vielmehr der Berliner Mauer – verflucht sei sie bis in alle Ewigkeit. Die Jerusalemer Mauer treibt, genau wie ihr verfluchter Berliner Vorläufer, einen Keil mitten durch eine einzige Nation. Gläubige können ihre Gebetsstätte nicht mehr besuchen, Schüler erreichen ihre Schule nicht mehr, Patienten verlieren ihren Arzt, und wenn ein Teil der Familie »drüben« wohnt, bedeutet die Mauer auch das Ende von Verwandtenbesuchen.

Und das ist noch nicht alles. Hinzu kommt noch die völkerrechtswidrige Besiedlung. Ich will hier nur auf eine der größten Provokationen der letzten Zeit hinweisen: eine neue Siedlung in der Jerusalemer Altstadt. *The Palestine Monitor* warnte am 27. Juli 2005 davor, dass dies eine dritte Intifada auslösen könnte, und schrieb:

Israelische Bauplaner haben soeben den Bau einer neuen jüdischen Siedlung im muslimischen Viertel der Jerusalemer Altstadt gebilligt. Das Vorhaben soll nur wenige Schritte von der Al-Aqsa-Moschee, der drittheiligsten Stätte des Islam, realisiert werden. Der oberste Bauingenieur der Jerusalemer Stadtverwaltung, Ori Shitreet, hatte das Projekt zunächst verworfen, da es »nicht mit den Plänen zur Erhaltung der Altstadt vereinbar« sei; später genehmigte er es dennoch.

Der Plan sieht den Bau von 30 neuen Wohnungen vor, die auf drei Dunam Land (d.h. auf 3000 Quadratmetern) in der Nähe der Al-Aqsa-Moschee nur für Juden entstehen sollen. Außerdem soll für die 16 jüdischen Familien, die derzeit unter starker Bewachung in Siedlungen im muslimischen Viertel wohnen, ein Erholungsgebiet geschaffen werden. Des Weiteren ist geplant, im muslimischen Viertel eine Synagoge zu bauen.

Palästinensische wie auch ein paar israelische Politiker bewerten diese Pläne als den offenkundigen Versuch, Tatsachen zu schaffen und das historische muslimische Viertel der Altstadt ethnisch zu säubern, sowie als eine offene Provokation zu einem Zeitpunkt, da die Welt ihr Augenmerk ganz auf den Rückzug aus dem Gazastreifen gerichtet hat. Israels Taktik, palästinensisches Land zu beschlagnahmen und es zu »Grünzonen« zu erklären, innerhalb derer Palästinensern jegliches Bauen untersagt ist, nur um dieses Land dann anschließend für den jüdischen Siedlungsbau zur Verfügung zu stellen, diese Taktik ist eines der heimtückischsten Mittel bei dem Bestreben, die Schlinge um Ostjerusalem enger zu ziehen. Die illegalen Siedlungen sind dazu da, Ostjerusalem die Luft abzuschnüren, damit die Stadt von der Liste jener Punkte gestrichen wird, die noch am Verhandlungstisch geklärt werden sollen. Ein flagranter Verstoß gegen das Völkerrecht.

Die Palästinenser haben immer betont, dass es keinen Frieden geben wird, wenn Israel ihnen nicht das 1967 eroberte und unrechtmäßig annektierte arabische Ostjerusalem zurückgibt, damit es in ihrem zukünftigen Staat die Hauptstadt bilden kann. Das Völkerrecht lässt an der Rechtmäßigkeit der palästinensischen Forderung keinen Zweifel. Dass die israelische Regierung auf derart provokante Weise und zu einem solch heiklen Zeitpunkt versucht, den Status Jerusalems nach ihren Vorstellungen zu verändern, zeugt von ihrem mangelnden Interesse an einer gerechten und friedlichen Lösung dieser Konflikte.

Mitten im Medienrummel um den ach so dramatischen Abzug der Siedler aus dem Gazastreifen vermerkten die Zeitungen am Rande, dass ein neues israelisches Siedlungsprojekt das palästinensische Westjordanland zerschneide. Dabei ging es um das von Israel als E-Eins bezeichnete Gebiet im Osten Jerusalems, wo eine neue israelische Siedlung für 50 000 Einwohner entstehen soll. Im *Schwäbischen Tagblatt* machte der Nahost-Korrespondent Peter Schäfer am 4. August 2005 darauf aufmerksam, dass das Versprechen eines palästinensischen Staates dadurch unerfüllbar wird:

Der Plan für das Siedlungsprojekt E-Eins wurde 1997 veröffentlicht, als Israel den Ausbau seiner Siedlungen im besetzten Westjordanland offiziell eingefroren hatte. In den Friedensjahren wurde zuvor auch die Siedlung Pisgat Seev ausgebaut. Das Land wurde den Bewohnern der nahen palästinensischen Kleinstadt Hisma weggenommen. Heute leben dort an die 40 000 jüdische Israelis innerhalb der von Israel erweiterten Stadtgrenzen Jerusalems. E-Eins schließt nun die Lücke zwischen Pisgat Seev und Maale Adumim. Ostjerusalem wird dadurch vollkommen von seinem Hinterland abgeschnitten. Die Palästinenser verlieren ihr wirtschaftliches, politisches und kulturelles Zentrum.

Betitelt war dieser Artikel mit den Worten »Der Todesstoß für den Traum der Palästinenser«. Ich möchte dem noch zweierlei hinzufügen. Erstens versetzt dieses Projekt auch dem Traum vieler Israelis – und vieler Menschen in aller Welt, Juden wie Nichtjuden – den Todesstoß, weil es ihre Hoffnung auf Frieden zunichte macht. Und zweitens: Die Entscheidungsträger in der Europäischen Union sind über die politischen, wirtschaftlichen, sozialen und humanitären Konsequenzen, die dieses Projekt für die Palästinenser hat und noch haben wird, im Bilde. Im Dezember 2005 versuchte die EU ihren eigenen Bericht über Ostjerusalem zu unterdrücken. Darin wurde ausdrücklich darauf hingewiesen, dass Israel gerade dabei sei, das Westjordanland zu zerschneiden und somit die Gründung eines lebensfähigen palästinensischen Staates unmöglich zu machen. Die Tatsachen, die Israel in Ostjerusalem und Umgebung schaffe, verstießen gegen das Völkerrecht und bedeuteten überdies einen Bruch mit der »Road Map«, hielt der Bericht fest. Dennoch ließen die EU und die übrigen angeblich über die »Road Map« wachenden Mitglieder des »Nahostquartetts« (USA, UN, Russland) Israel gewähren.

Wie schon erwähnt, blieb mir bei meiner Reise im Mai 2005 der Besuch Bethlehems verwehrt. Meine Bethlehemer Freunde, die deswegen nach Beit Jala gekommen waren, um mich in der Schule »Talitha Kumi« zu treffen, sagten damals zu mir: »Du hättest Bethlehem nicht wiedererkannt, so zugemauert wie die Stadt ist …« Die Mauer um Bethlehem trennt 380 Palästinenser von ihren Olivenhainen und Grundstücken. Aber es gibt noch eine Hiobsbotschaft aus dieser Stadt im Westjordanland. Die Organisation *Open Bethlehem* berichtete am 27. Februar 2006 Folgendes:

In wenigen Tagen wird der letzte Abschnitt der israelischen Mauer, die Bethlehem von Jerusalem trennt, vollendet sein. Die Mauer um Rahels Grab in Bethlehem wird nicht nur die Verbindung zwischen den heiligsten christlichen Stätten der Region kappen, sondern auch mit der Schaffung einer neuen Tatsache einhergehen: dem Bau einer illegalen jüdischen Siedlung für einige der extremsten religiösen Gruppen Israels. Der ultraorthodoxe Kever-Rahel-Fonds bekundete im vergangenen Jahr seine Absicht, an dieser Stätte rund 400 Wohnungen zu errichten. In dieser Woche sind nun die Bauarbeiten dazu angelaufen. Die Siedler haben vor, die in der Nähe von Rahels Grab gebauten Häuser zu beziehen, sobald der Mauerbau abgeschlossen ist.

Die Einwohner Bethlehems fürchten jetzt, ihre Stadt könne zu einem neuen Hebron werden. Dort haben jüdische Extremisten Palästinenser aus ihren Häusern vertrieben, und sie fahren, mit Unterstützung der israelischen Armee, damit fort, die noch verbliebenen Einwohner einzuschüchtern und ihnen das Leben schwer zu machen. Aus der einstmals geschäftigsten Einkaufsstadt der Region ist eine Geisterstadt geworden. Christliche Friedensgruppen (Christian Peacemaker Teams) sind ständig vor Ort, um Verstöße der Armee und Siedler gegen die einheimische Bevölkerung Hebrons registrieren und melden zu können.

Der ehemalige israelische Parlamentsabgeordnete Hanan Porat wurde heute in der israelischen Tageszeitung *Haaretz* mit folgenden Worten zitiert: »Mit Gottes Hilfe machen wir Fortschritte bei unserem Bestreben, an Rahels Grab eine dauerhafte jüdische Präsenz zu sichern und eine Yeshiva zu etablieren – was Rabbi Kook [ein religiös-zionistischer Fundamentalist] dringend empfohlen hat –, um Israelis die Heimkehr an diesen ihren Ort zu ermöglichen.«

Der Bürgermeister von Bethlehem, Dr. Victor Batarseh, ein palästinensischer Christ, sagte: »Die jüngsten Landbeschlagnahmungen und Bauarbeiten um Rahels Grab sind illegal und erfolgen keineswegs aus Sicherheitsgründen. Hier geht es darum, Land zu enteignen. Für das wirtschaftliche und gesellschaftliche Leben der Stadt stellen diese Maßnahmen eine ernste Bedrohung dar. Als Bürgermeister von Bethlehem teile ich die Sorge aller Bethlehemer Bürger, Christen wie Muslimen, dass dies ein erster Schritt auf dem Weg zum Bau einer neuen illegalen israelischen Siedlung mitten im Herzen der Stadt sein könnte. Genauso hat es damals in Hebron angefangen.«

Die Frage ist nur: Wieso hören wir so wenig aus dem Rest der christlichen Welt? Wie steht es um ihre Empörung angesichts der Entrechtung ihrer Glaubensgenossen im Heiligen Land? Wo bleibt die so notwendige Solidarität?

Der eben zitierte Artikel schloss mit einem Appell der Vorsitzenden von *Open Bethlehem*, Leila Sansour, und auch ich möchte dieses Kapitel mit ihrem Aufruf, dem ich mich hiermit anschließe, beenden:

> Wir befinden uns in einem Wettlauf mit der Zeit. Israel hat unser Land gestohlen und baut jetzt eine Siedlung. Für uns ist das eine Katastrophe. Einer Stadt von internationaler Bedeutung droht der Untergang. Wir rufen die Menschen in aller Welt dazu auf, jede finanzielle Beziehung zu Firmen, die dieses illegale Vorhaben unterstützen oder sich daran beteiligen, abzubrechen. Der Abbruch finanzieller Beziehungen ist eine der wenigen Möglichkeiten gewaltfreien Protests, die uns noch bleiben.

Der Abbruch aller finanziellen Beziehungen (»divestment«), Sanktionen, Boykott: Dies sind in der Tat die wirksamsten Mittel, um Israel zur Einhaltung völkerrechtlicher Normen zu zwingen, und das nicht nur in Bethlehem.

Daniel Barenboim und der »West-östliche Diwan«

Daniel Barenboim ist ein weltberühmter genialer Pianist und Dirigent. Er wurde in Argentinien geboren, hat aber lange Zeit in Israel gelebt und ist auch nach wie vor israelischer Staatsbürger. Seit 1992 ist er Generalmusikdirektor der Deutschen Staatsoper Berlin; zuvor war er unter anderem Musikdirektor des »Orchestre de Paris«. Am 9. Mai 2004 wurde der Musiker in der Knesset mit dem Wolf-Preis ausgezeichnet. Nachdem er in seiner Dankesrede aus der israelischen Unabhängigkeitserklärung zitiert hatte, sagte er:

Ich frage heute mit tiefem Schmerz: ... Ist die Besatzung und Herrschaft über ein anderes Volk mit der Unabhängigkeitserklärung vereinbar? Gibt es eine Logik zwischen der Unabhängigkeit eines Landes und der Verletzung fundamentaler Rechte eines anderen? Kann das jüdische Volk, dessen Geschichte von Leid und Verfolgung geprägt ist, sich erlauben, gegenüber den Grundrechten und dem Leid eines Nachbarvolkes gleichgültig zu sein? Kann der Staat Israel sich den wirklichkeitsfremden Traum einer ideologischen Beilegung des Konflikts erlauben, statt nach einer pragmatischen humanitären Lösung zu suchen, die auf sozialer Gerechtigkeit gegründet ist?...

Ich war schon immer davon überzeugt, dass es keine militärische Lösung für den Konflikt geben kann - weder in moralischer noch in strategischer Hinsicht. Da absolut klar ist, dass eine Lösung gefunden werden muss, frage ich: Warum soll ich warten, bis sie sich von selbst findet? Deshalb gründete ich zusammen mit meinem Freund Edward Said einen Workshop für junge Musiker aus allen Ländern des Nahen Ostens, für Juden und Araber …

Musik kann durch ihr Wesen die Empfindungen und die Vorstellungskraft der Israelis und der Palästinenser zu ungeahnten Sphären emporheben. Deshalb habe ich beschlossen, den Geldbetrag, der mit diesem Preis verbunden ist, für Musikerziehung in Israel und Ramallah zu spenden. Ich danke Ihnen.*

Diese Sätze sorgten für einen Eklat. Die israelische Bildungsministerin Limor Livnat beschuldigte den Musiker gleich im Anschluss an seine Rede, Israel angegriffen zu haben. Wie weit sind wir gekommen, wenn nun schon die israelische Unabhängigkeitserklärung den führenden Politikern des Landes ein Dorn im Auge ist?

Am 21. August 2005 übertrug der Fernsehsender Arte live ein Konzert, das Daniel Barenboim mit seinem Orchester »West-östlicher Diwan« in Ramallah gab. Das Orchester hatte Barenboim im Jahr 1999 gemeinsam mit seinem Freund, dem brillanten palästinensischen, in den Vereinigten Staaten Literaturwissenschaft lehrenden Intellektuellen Edward Said gegründet. Said war im September 2003 an Leukämie gestorben, und dieses Konzert im besetzten Westjordanland war seinem Andenken gewidmet. In dem Orchester spielen Israelis, Palästinenser, Syrer, Ägypter, Spanier, Jordanier und Libanesen zusammen. Eine echte Völkergemeinschaft im Brandherd Nahost, welch Symbolik!

---

* Mit geringfügigen Änderungen zitiert nach Wolfgang Freisleben, *Das Tor zur Hölle – Israels Gewaltpolitik im Kolonialkrieg um Palästina*, Ibera Verlag, Wien 2005, S. 54–55.

In einem Dokumentarfilm über diesen Musikworkshop, den Arte anlässlich des Konzerts mit ausstrahlte, gab es eine Szene, in der Barenboim und Said sich darüber amüsierten, was die Israelis in der Gruppe für Augen gemacht hatten, als sie zum ersten Mal in ihrem Leben mit einem Oboe spielenden Ägypter konfrontiert wurden. Ihr Projekt sei wirklich ganz schön »subversiv«, lachten sie.

Mieciu und ich haben der bezaubernden Musik gelauscht und die Stimmung des Publikums beobachtet. Man konnte sehen, dass sich die Zuhörer der Einmaligkeit des Ereignisses bewusst waren – alle saßen da wie gebannt.

Plötzlich entdeckte Mieciu meinen palästinensisch-amerikanischen Adoptivsohn Sami* im Publikum, und dann sah ich ihn auch. Wie haben wir uns gefreut! Ich hätte ihn so gern umarmt! Ich wusste, dass er gerade aus den Vereinigten Staaten nach Palästina gereist war, um dort seine Familie zu besuchen. Nie habe ich so eifrig eine E-Mail geschrieben. Ich habe ihm von unserer Freude berichtet, und er hat sofort geantwortet und uns erzählt, wie sehr er das Konzert genossen hat. Jeder im Saal sei von einer ganz eigenartigen, wundersamen Stimmung erfasst gewesen.

Noam Ben Zeev war einer der wenigen israelischen Journalisten, die über das Konzert berichteten. Er schrieb in *Haaretz*:

Die Zuhörer taten ihre Begeisterung mit stürmischem Beifall kund, als die vier Solisten und der Dirigent die Bühne betraten. Barenboim verneigte sich vor dem Publikum, und die Menschen im Saal erhoben sich und wollten gar nicht aufhören zu applau-

---

* Siehe *Zorn und Hoffnung*

dieren. Die Augen der Musiker leuchteten. Barenboim wandte sich ihnen zu und hob seinen Taktstock.

Mozarts »Konzertante Symphonie« weckte – auch wenn die Komposition nicht ganz ausgereift ist und das Werk nicht zu Mozarts Meisterwerken zählt – Interesse, dank des einzigartigen Vortrags, der mit der Nationalität der vier brillanten Solisten nicht das Geringste zu tun hatte. Die Art und Weise, wie Beethovens Fünfte hier gespielt und dirigiert wurde, ließ einen jeden Gedanken an die einzigartigen Umstände ihrer Aufführung vergessen. Barenboim bat mit einer flinken Handbewegung um ein Ende des Beifalls, nahm das Eröffnungsmotiv – die vier berühmten Töne – mit dem Taktstock vorweg und begab sich mit halsbrecherischer Geschwindigkeit auf eine musikalische Reise.

Noch am darauf folgenden Tag, zurück in Tel Aviv, habe sich der israelische Geiger Doron Alperin gefragt, wo Barenboim bloß mit einem Mal dieses Tempo hergenommen habe. »So hat er Beethoven noch nie dirigiert, das Orchester war wie elektrisiert«, sagte Alperin.

Daniel Barenboim verkörpert für mich die Menschlichkeit. Ellen Rohlfs, eine langjährige Menschenrechts- und Friedensaktivistin, wurde durch das Konzert in Ramallah zu einem Gedicht inspiriert, das sie Barenboim widmete:

GEBT IHNEN GEIGEN!

Nehmt ihnen nicht weg das Brot und das Wasser!
Das Land, die Ölbäume, Straßen, Häuser, Schulen und Werkstätten!
Nehmt ihnen nicht weg die Würde, Freiheit, Hoffnung und den Lebensmut,
doch *nehmt weg* die Checkpoints und Straßensperren,
den scharfen Befehlston, die demütigende Bewegung,

die Undercover-Einheiten, die Kollaborateure,
die Gefängnislager mit ihren Folterern,
die Panzer, Scharfschützen, Hubschrauber, Bulldozer,
das Tränengas, den Lärm der Motoren und Granaten,
das Monstrum der Apartheidmauer.
Nehmt all dies weg! Und
lasst das Verhaften, Zerstören, Verletzen, das gezielte Töten!

Sie nehmen sonst nicht nur Steine in die Hand, sondern
Kalaschnikows,
sie schmuggeln Waffen und basteln Mörser-Raketen,
verstecken Minen am Straßenrand –
ja, schnallen sich Sprengstoffgürtel um den Leib…
Haben sie denn noch was zu verlieren
außer der Angst vor dem Tod?
Und reißen *so* Unschuldige mit in den ihrigen.
Wer sind sie? Terroristen, Freiheitskämpfer?
Wer Wind sät, wird Sturm ernten.
Wer Gewalt sät, wird mit Terror konfrontiert.

Drum: Gebt ihnen Geigen, Trompeten, Celli und Trommeln in die
Hand –
Die Würde und Achtung vor dem Anderen
steckt sie mit Begeisterung an,
schenkt ihnen Liebe, Verständnis
und wahren Sinn fürs Leben in lohnender Zukunft.
So wurde aus Ramzi, dem Steinewerfer, Ramzi, der Geiger.
Aus Samir, dem Intifada-Jungen, Samir, der Architekt.
Aus Majid, dem Frustrierten, Majid, der Arzt.
Aus Nazmi, dem Geschlagenen, Nazmi, der Archäologe.
Aus Mahmud, dem Beraubten, Mahmud, der Dichter.
Aus Sliman, dem Gedemütigten, Sliman, der Maler.
Aus Noah, dem Traumatisierten, Noah, der Friedenskämpfer.
Aus Ahmed, dem Gefolterten, wird hoffentlich ein ganz
normaler Familienvater.

Ja, gebt ihnen Geigen in die Hand, den Pinsel, das Buch oder ein Werkzeug.
Gebt ihnen zurück die menschliche Würde, die Hoffnung, den Augen ein Ziel.
Und natürlich das Brot und das Wasser,
das Haus, das Land mit seinen Fruchtbäumen.
Gebt zurück die Ehre dem Einzelnen und den Familien,
die Freiheit und Sicherheit im eigenen Land!

Gebt ihnen Geigen in die Hand! – Dann werden sie beweisen,
ihre Gene* sind nicht anders als die ganz normaler Menschen.
Sie werden leben in Frieden mit sich und ihren jüdischen Nachbarn.
Nach Martin Buber, Hannah Arendt, Yeshayahu Leibowitz und Yehudi Menuhin
wär es nie anders gewesen.
Lasst endlich den Geist des Versöhnens und Verzeihens wachsen.
Drum, gebt ihnen Geigen in die Hand und Hoffnung ins Herz!

Während ich mit Ellen Rohlfs' Gedicht am Ende meines Kapitels ankomme, erfahre ich, dass 16 Palästinenser durch israelische Luft- und Raketenangriffe getötet wurden, unter ihnen ein fünf Jahre altes Kind. Am 14. März 2006 berichtet UNICEF bestürzt über die Tötungen palästinensischer Kinder in den besetzten Gebieten. Der Bericht spricht von fünf getöteten Kindern; drei von ihnen starben bei so genannten gezielten Tötungen.

Am 21. März 2006 ist der Gazastreifen unter völliger Blockade. Die Vorräte des UN-Hilfswerks für die Palästinaflüchtlinge, UNRWA, gehen zur Neige.

* Ein israelischer General behauptete 2003, die Palästinenser hätten Gene der Gewalt und seien deshalb Terroristen (Anm. Ellen Rohlfs).

Als ich am 16. April 2006 an der letzten Fassung dieses Kapitels arbeite, gibt es schon 20 Tote. Wie gut, dass ich zu meiner Information nicht auf die deutschen Medien angewiesen bin. Getötete Palästinenser haben in Deutschland keinen Nachrichtenwert.

Israel provoziert die Palästinenser mit der Bombardierung des Gazastreifens und den vielen Tötungen. Die Regierung tut anscheinend alles, um einen Anschlag oder eine andere Reaktion der Palästinenser hervorzurufen.

Unsere Friedenskräfte, die Aktivisten von *Gush Shalom*, demonstrieren gegen den Artilleriebeschuss des Gazastreifens. Am 14. April 2006 veröffentlichen sie eine Anzeige in *Haaretz*, um die israelische Öffentlichkeit darauf aufmerksam zu machen, dass der Artilleriebeschuss ziviler Wohngegenden ein Kriegsverbrechen ist. Auch die Ermordung des acht Jahre alten Hadil Raban durch eine Panzergranate ist ein Kriegsverbrechen. Und verantwortlich für diese Verbrechen, die Israel mit dem Beschuss grenznaher israelischer Orte durch selbstgebastelte (meist allenfalls geringen Sachschaden anrichtenden) Qassam-Raketen zu rechtfertigen sucht, sind der israelische Verteidigungsminister und der Generalstabschef.

Am 16. März 2003 wurde Rachel Corrie, eine 23 Jahre alte amerikanische Menschenrechtsaktivistin, die für das *International Solidarity Movement* im Gazastreifen war, von einem israelischen Armeebulldozer zermalmt, als sie die Zerstörung eines palästinensischen Hauses in Rafah durch friedlichen Protest zu verhindern suchte. Nur zwei Wochen zuvor hatte sie in einer E-Mail an ihre Mutter Folgendes über die Unterdrückung der Palästinenser geschrieben:

»Das muss aufhören. Ich finde, es wäre eine gute Idee, wenn jeder von uns alles stehen und liegen lassen und sein Leben dem Kampf gegen dieses andauernde Unrecht widmen würde.«*

Ja, wir sollten alle unser Leben dafür geben – im übertragenen Sinn, so, wie Rachel es sich selbst und anderen abverlangen wollte, und so, wie es auch der große Daniel Barenboim auf seine Weise tut.

* Dieser Brief vom 27. Februar 2003 sowie weitere Briefe und Informationen finden sich unter www.RachelCorrie.org.

Die Wahlen in den besetzten Gebieten und der Sieg der Hamas

Hoffentlich haben die Leser noch die palästinensischen Präsidentschaftswahlen vom Januar 2005 in Erinnerung. Anders als im Januar 2006, als die Hamas bei den palästinensischen Parlamentswahlen die absolute Mehrheit erhielt, hatte im Jahr 2005 der Kandidat der Fatah, Mahmoud Abbas (Abu Mazen), 60 Prozent der Stimmen bekommen, während 20 Prozent der Wähler für den Kandidaten der Zivilgesellschaft, Dr. Mustafa Barghouthi, gestimmt hatten. Beide Präsidentschaftskandidaten hatten sich explizit für die Zwei-Staaten-Lösung ausgesprochen und Israel ausdrücklich anerkannt. Dennoch blieb Scharon stur bei seiner Behauptung, dass es auf der palästinensischen Seite keinen Verhandlungspartner gebe. Dieses alte Lied hatten Scharon und Co. schon in Bezug auf Arafat oft genug heruntergeleiert.

Zur Erinnerung: Arafat hatte das Oslo-Abkommen mit Israel unterzeichnet und Israel de jure anerkannt, sich jedoch bei den Verhandlungen von Camp David im Juli 2000 geweigert, seine Unterschrift unter Baraks »großzügiges Angebot« zu setzen. Als dann wenig später, Ende September 2000, die zweite Intifada ausbrach, verkündeten Regierung und Geheimdienste Israels, Arafat habe den Aufstand angezettelt.* Arafat wolle, im Gegensatz zu

* Inzwischen ist sogar aus israelischen Geheimdienstkreisen Gegenteiliges zu hören; ich komme noch darauf zurück.

Israel, überhaupt keinen Frieden, hieß es; das sehe man ja jetzt. Und deswegen sei Arafat als Verhandlungspartner nicht länger koscher. Er sei eben doch ein unverbesserlicher Terrorist.

Nun, da dieser nicht vorhandene Partner Hamas heißt, trifft das israelische »Argument«, die Palästinenser hätten wegen ihres »Terrors« gefälligst bei sämtlichen sie betreffenden Entscheidungen außen vor zu bleiben, im Westen auf noch mehr Verständnis.

Es sei daran erinnert, dass das palästinensische Volk beispielhaft gewählt hat: Die Wahlen wurden als die demokratischsten gewertet, die je in der arabischen Welt stattgefunden hatten. Was hat die Palästinenser bewogen, die Hamas mit der Regierungsverantwortung zu betrauen? In der linken israelischen Zeitschrift *News from Within* (Februar 2006) erklärte der palästinensische Autor und Kommentator Nassar Ibrahim das Phänomen wie folgt:

> Dass die Hamas diesen überwältigenden Sieg davontragen konnte, lag nicht an religiösen Wahlkampfparolen. Es lag vielmehr an der politischen Rolle, die sie spielte, indem sie zum Widerstand aufrief, sich dem Besatzungsregime in den Weg stellte und sich für den Erhalt der nationalen Rechte der Palästinenser einsetzte, Rechte, die man beim Oslo-Abkommen und der »Road Map« gestrichen beziehungsweise ignoriert hatte. Maßgeblich beigetragen zum Sieg der Hamas hat auch ihre Kritik an der Arbeit der Fatah und der palästinensischen Autonomiebehörde auf sozialem und wirtschaftlichem Gebiet sowie die Notwendigkeit, die Korruption zu bekämpfen.

In derselben Ausgabe von *News from Within* ging auch Jennifer Loewenstein der Frage nach, welche Faktoren zum

Sieg der Hamas geführt haben. Die jüdische Autorin hat in Beirut, Gaza und Jerusalem gelebt, forscht am Zentrum für Flüchtlingsstudien der Oxford University und lebt in Madison, Wisconsin, USA:

Der unerwartete Sieg der Hamas bei den Wahlen zum palästinensischen Autonomierat ist in erster Linie darauf zurückzuführen, dass die Bevölkerung in Bezug auf die herrschende Fatah desillusioniert, um nicht zu sagen angewidert ist, hat sie es doch nicht einmal geschafft, den Palästinensern auch nur ansatzweise den Frieden zu bringen, der ihnen laut den mit Israel unterschriebenen Verträgen, Dokumenten und Vereinbarungen zusteht. Die Fatah war offenbar auch nicht willens, die überall in den besetzten Gebieten vorherrschenden katastrophalen sozialen und wirtschaftlichen Zustände zu verbessern, und sie hatte es überdies versäumt, klare Ziele und eine realistische Zukunftsvision zu formulieren.

Indem die Fatah als Bittstellerin auftrat, vertat sie die Chance, einen eigenen Willen zu entwickeln und diesen auch gegenüber den Israelis zu vertreten. Entscheidend war schließlich die Weigerung der PLO - mit der Fatah als ihrer wichtigsten Fraktion -, darauf zu beharren, dass Israel daran gehindert werden muss, sich mit Unterstützung der USA Palästina einzuverleiben. Das ist der Grund, warum der prinzipientreueste palästinensische Unterhändler, Haidar Abdel Shafi, es ablehnte, im September 1993 an den Feierlichkeiten zur Unterzeichnung der Oslo-Abkommen im Weißen Haus teilzunehmen.

Der Zerfall der Fatah - der gleichermaßen auf die korrupte, anti-institutionelle und größenwahnsinnige Herrschaft Arafats wie auf das durch die israelische Besatzung verursachte absolute Elend zurückzuführen ist - ließ die Unzufriedenheit der Bevölkerung mit ihrer politischen Führung weiter anwachsen, wobei die allzu oft bewiesene Unterwürfigkeit und Selbstsucht der Fatah-Elite ein Übriges tat. Das Ergebnis war der Sieg der Hamas.

Die Schlussfolgerung dieser Analyse lautet: Die von den Vereinigten Staaten mitgetragene Verweigerungshaltung, mit der Israel den Palästinensern ihre legitimen Rechte vorenthält, hat, zusammen mit dem Defätismus und Konformismus der Fatah, zum Sieg der Hamas geführt.

Der Pragmatismus der Hamas, die die Waffenruhe schon seit über elf Monaten einhält, ist deutlich erkennbar. So erläuterte zum Beispiel Hamas-Führer Mahmoud Zahar in einem CNN-Interview mit Wolf Blitzer am 29. Januar 2006, kurz nach dem Wahlsieg, unter welchen Bedingungen die Hamas zur Umsetzung der Zwei-Staaten-Lösung bereit sei. Die Hamas erwarte unter anderem den Rückzug Israels auf die vor dem Sechstagekrieg von 1967 bestehenden Grenzen, die Freilassung der palästinensischen Gefangenen, ein Ende der militärischen Aggression und die geographische Anbindung des Gazastreifens an das Westjordanland.

Die Äußerungen Zahars beinhalten ebenso wie die offiziellen Erklärungen anderer Hamas-Führer eine De-facto-Anerkennung Israels. Allerdings kann man – auch darauf wies Zahar in dem Interview hin –, von der Hamas schwerlich verlangen, den Staat Israel anzuerkennen, solange Israel sich weigert, die von der internationalen Gemeinschaft anerkannten Grenzen zu akzeptieren. Fakt ist: Die israelische Führung hat es bei der Staatsgründung absichtlich unterlassen, die Staatsgrenzen zu definieren – und seither hat Israel das, was es als sein Staatsgebiet betrachtet, kontinuierlich und mit Gewalt ausgeweitet.

Die israelische Friedensbewegung tritt für den Dialog mit der Hamas ein, und laut Umfragen kann sich die Hälfte der israelischen Bevölkerung einen solchen Dialog immerhin vorstellen. Uri Avnery von *Gush Shalom* besteht darauf, dass Israel selbstverständlich mit jeder vom palästinensischen Volk gewählten Führung verhandeln muss. Eine Gruppe, die bereit ist, mit Israel zu verhandeln, erkennt allein dadurch schon den Staat Israel an. In der Vergangenheit galt dies für die PLO – für die die Anerkennung Israels im Übrigen auch ein Prozess war –, und in derselben Weise gilt dies nun für die Hamas.

An dieser Stelle drängt sich die Frage auf, wer oder was Israel daran gehindert hat, sich auf die Grenzen von 1967 zurückzuziehen und die seit Jahren von der internationalen Gemeinschaft geforderte Zwei-Staaten-Lösung zu verwirklichen. Warum hat Israel den Palästinensern die 22 Prozent des historischen Palästina, auf denen sie ihren unabhängigen Staat errichten wollen – Gazastreifen plus Westjordanland mit Ostjerusalem als Hauptstadt –, bis heute nicht zugestanden? Jennifer Loewensteins Antwort auf diese Frage ist auch die meine:

Dass die Zwei-Staaten-Lösung in Israel/Palästina noch nicht verwirklicht wurde, liegt daran, dass die Israelis mit der vollen Unterstützung ihrer amerikanischen Freunde – und der effektiven Kooperation ihrer europäischen Nachbarn – die Zwei-Staaten-Lösung (zumindest in ihrer vorgesehenen, sinnvollen Form) vollkommen ablehnen. Jede seit dem Krieg von 1967 geschaffene Tatsache unterstreicht die Richtigkeit dieser Feststellung. Die Regierung Netanyahu, die als erste die Möglichkeit eines »palästinensischen Staates« einräumte, war wenigstens ehrlich: Wenn die Palästinenser dieses winzige, aus isolierten Bruchstücken von Land bestehende Gebilde, das Israel ihnen übrig zu lassen gedenke, denn unbedingt als ihren »Staat« bezeichnen wollten, so habe

> man nichts dagegen einzuwenden. Sie könnten sonst aber auch gern »Brathähnchen« dazu sagen. Israel sei das völlig egal.
>
> Israel hat mit offener Unterstützung der Vereinigten Staaten und stillschweigender Billigung Europas die ernsthafte Umsetzung der Zwei-Staaten-Lösung immer wieder zu verhindern gewusst: während der regionalen Kriege der siebziger und achtziger Jahre mit Ägypten und dem Libanon; 1979 beim Camp-David-Friedensabkommen mit Ägypten; nach Ausbruch des ersten palästinensischen Aufstands von 1987; während und nach der Konferenz von Madrid im Jahr 1991; trotz der Oslo-Abkommen von 1993 und der Interimsabkommen von 1995, die aus den besetzten palästinensischen Gebieten »umstrittene« Gebiete machten und Israel die Kontrolle über 60 Prozent des Westjordanlandes gaben; und ungeachtet der (von Barak vier Tage vor Schluss abgebrochenen) Taba-Gespräche, der Genfer Vereinbarungen (die Israel und die USA ablehnten) und schließlich den von Blutvergießen geprägten Jahren der Al-Aqsa-Intifada. Und dieselben Mächte, die sich während all dieser Jahre mit vereinten Kräften gegen die Zwei-Staaten-Lösung sperrten, wollen uns nun weismachen, dass ein schlecht ausgerüsteter, kaum über finanzielle Mittel verfügender, miserabel ausgebildeter, von Armut geplagter und (bislang) strategisch unklug agierender, bunt zusammengewürfelter Haufen »Militanter«, der derzeit damit beschäftigt ist, das totale nationale Chaos zu überwinden, es irgendwie geschafft hat, der Welt in Bezug auf den am längsten schwelenden Konflikt der Region seinen Willen aufzuzwingen, und dass es jetzt die Hamas ist, die das Lager der palästinensischen »Verweigerer« anführt und der Verwirklichung der Zwei-Staaten-Lösung im Wege steht.

Wie Jennifer Loewenstein weiter schreibt, wird der Wahlsieg der Hamas von den echten Verweigerern – Israel und den Vereinigten Staaten – jetzt nur als eine zusätzliche Ausrede benutzt, um »die Gründung eines wirklich souveränen und lebensfähigen palästinensischen Staates« auch weiterhin erfolgreich zu verhindern.

Was die Gewaltanwendung betrifft, möchte ich noch betonen, dass das Völkerrecht den Kampf gegen Besatzung (wie auch gegen Kolonialismus) ausdrücklich billigt, solange er sich nicht gegen Zivilisten richtet. Die überwältigende Mehrheit der Staaten in den Vereinten Nationen erklärte 1974 den bewaffneten Kampf der Befreiungsbewegungen für legitim und mit dem Völkerrecht vereinbar.*

Jennifer Loewenstein verurteilt die Medien, die mit Sicherheit »vergessen« werden, die Wahrheit über die Hamas zu schreiben:

Sie werden vergessen zu erwähnen, dass es die Hamas ist, die seit elf Monaten auf jede Gewaltanwendung verzichtet, und dies obwohl Israel nicht nur nicht auf Gewalt verzichtet, sondern sein Militär die Palästinenser in diesem Zeitraum noch obendrein mehrfach und unnötigerweise provozierte. Ebenso werden die Medien es versäumen, ihre Leserinnen und Leser daran zu erinnern, dass die berüchtigten Selbstmordattentate eine Reaktion auf die Brutalität des Besatzungsregimes und nicht dessen Ursache waren. Fakt ist, dass das erste Selbstmordattentat im April 1994 verübt wurde, 27 Jahre nach Beginn der Besatzung im Jahr 1967 und drei Jahre, nachdem die Politik der Abriegelungen, mit denen Israel palästinensische Orte stranguliert, eingeführt wurde.

Inzwischen bekommen wir weitere Hiobsbotschaften aus Palästina. Luisa Morgantini, Vorsitzende des Entwicklungsausschusses des Europäischen Parlaments und Mitglied der

* Siehe zum Beispiel Norman Paech/Gerhard Stuby, *Machtpolitik und Völkerrecht in den internationalen Beziehungen*, Nomos, Baden-Baden 1994, S. 615

italienischen Sektion der Menschenrechtsgruppe *Frauen in Schwarz*, schrieb am 28. Februar 2006:

Palästina steht am Rande des finanziellen Zusammenbruchs. Wir können nicht so tun, als sähen wir es nicht. Die Medien reden weiterhin davon, dass Israel die für die palästinensische Autonomiebehörde bestimmten Gelder »blockiert«. In Wahrheit aber ist das, was sich hier vor unseren Augen abspielt, Diebstahl. Bei den von der israelischen Regierung einbehaltenen Geldern handelt es sich um die monatlichen Steuereinnahmen, die der palästinensischen Autonomiebehörde rechtmäßig und gemäß der Oslo-Abkommen wie auch dem Pariser Wirtschaftsprotokoll von 1994 zustehen. Damit will Israel das palästinensische Volk dafür bestrafen, dass bei den jüngsten Wahlen – die, wie europäische und internationale Beobachter bezeugt haben, demokratisch abgehalten wurden und rechtmäßig sind – die Hamas den Sieg davontrug.

Der Nahost-Gesandte James Wolfensohn hat ebenfalls Alarm geschlagen. Der ehemalige Weltbank-Direktor warnte das aus Russland, den USA, den Vereinten Nationen und der EU bestehende internationale Vermittlerquartett, dass innerhalb der nächsten zwei Wochen der finanzielle Zusammenbruch der palästinensischen Autonomiebehörde droht. Israels Entscheidung, den Transfer der an die palästinensische Autonomiebehörde zu zahlenden Zolleinnahmen vorläufig einzustellen, hat in diesem Februar ein Loch von 100 Millionen Dollar in deren Haushalt gerissen. Die israelischen Behörden ziehen diese Gelder für die palästinensische Regierung ein und sind verpflichtet, sie jeweils am Monatsersten an die Autonomiebehörde zu überweisen.

Wolfensohn hat darauf hingewiesen, dass die palästinensische Autonomiebehörde in der nächsten Woche zwischen 60 und 80 Millionen Dollar benötigen wird, um die Februargehälter der 140 000 öffentlichen Angestellten ausbezahlen zu können. Ist sie dazu nicht in der Lage, könnten die Spannungen in der Bevölkerung noch zunehmen.

Nur die Straffreiheit, die Israel genießt, kann seine Arroganz erklären.

Auch in den Vereinigten Staaten sind vernünftige Stimmen zu vernehmen. So berichtete *News from Within* im Februar 2006, der ehemalige US-Präsident Jimmy Carter habe die Regierung Bush dazu gedrängt, die Hilfen an die Palästinenser nicht einzufrieren. Carter habe am 2. Februar 2006 gegenüber dem Sender CNN erklärt, er hoffe, »dass das palästinensische Volk, das ohnehin schon ... unter der israelischen Besatzung zu leiden hat, nun nicht auch noch erleben muss, dass ihm das Recht genommen wird, seine Schullehrer, Polizisten, Sozialarbeiter, Ärzte und Krankenpfleger zu bezahlen und die Bevölkerung mit Lebensmitteln zu versorgen«. Deshalb habe Carter gefordert: »Gebt der Hamas eine Chance.«

Doch die Hamas wartet bislang vergeblich auf diese Chance. Und das Befürchtete ist eingetreten – die ohnehin schon katastrophale Lage der Palästinenser verschlechtert sich mit jedem Tag. Der *taz* vom 8./9. April 2006 war die traurige Meldung aus Brüssel zu entnehmen, dass sämtliche Direktzahlungen an die palästinensische Autonomiebehörde eingestellt worden sind.

Zwei Dinge darf man beim Thema Hilfszahlungen nicht vergessen. Erstens: Der Grund für die Abhängigkeit der Palästinenser von Hilfszahlungen besteht darin, dass Israel die palästinensische Wirtschaft schon seit Jahren ganz bewusst in den Ruin treibt. Und zweitens: Die ausländische Unterstützung ist deswegen unabdingbar, weil Israel seinen völkerrechtlichen Pflichten als Besatzungsmacht nicht nachkommt. Dieser letztgenannte Punkt wurde auch in einem Leitartikel von *News from Within* (Februar 2006) betont und wie folgt erläutert:

Die Vereinigten Staaten und Europa mögen das Recht haben, den Geldhahn zuzudrehen, aber die israelische Regierung darf den Geldfluss nicht so ohne weiteres stoppen. Israel kann es zwar ablehnen, die Hamas anzuerkennen, und/oder sich weigern, in Verhandlungen mit ihr einzutreten; doch der Sieg der Hamas bei den Wahlen zum palästinensischen Autonomierat gibt Israel nicht das Recht, sich irgendeiner seiner rechtlichen Verpflichtungen zu entledigen. Nach dem Völkerrecht ist Israel als Besatzungsmacht verpflichtet, für das Wohlergehen der Bevölkerung in den besetzten Gebieten zu sorgen ... Zu diesen Verpflichtungen gehört unter anderem die Gewährleistung, dass die Bevölkerung Bildungseinrichtungen besuchen kann, mit ausreichend Nahrungsmitteln versorgt ist und Zugang zu medizinischer Versorgung und zu Gesundheitseinrichtungen hat. Die Tatsache, dass diese Grundversorgung bisher größtenteils durch die palästinensische Autonomiebehörde sowie durch lokale und internationale Nichtregierungsorganisationen und durch zivilgesellschaftliche Institutionen gewährleistet wurde, ändert nichts an der Tatsache, dass Israel als Besatzungsmacht die alleinige Verantwortung trägt.

Wenn die israelische Regierung oder auch die internationalen Regierungen/Institutionen ihre Zahlungen an die Palästinenser einstellen und ein anschließender Zusammenbruch der palästinensischen Autonomiebehörde und/oder der zivilgesellschaftlichen Institutionen eine humanitäre Krise nach sich zieht, so wird das Ergebnis nichts anderes sein als ein israelisches Kriegsverbrechen. Um ihren Verpflichtungen nachzukommen, stehen der israelischen Regierung nur drei Möglichkeiten offen. Entweder sie stellt sicher, dass die palästinensische Autonomiebehörde und die zivilgesellschaftlichen Institutionen weiterhin funktionieren und die Grundversorgung der palästinensischen Bevölkerung übernehmen, oder sie übernimmt diese Grundversorgung selbst. Die dritte Möglichkeit würde die israelische Regierung zwar von ihren rechtlichen Verpflichtungen gegenüber den Palästinensern entbinden, doch hat Israel bisher keinerlei Interesse an einer solchen Lösung erkennen lassen. Sie erfordert ein sofortiges und hundertprozentiges Ende der Besatzung, die Anerkennung des palästinensischen Rückkehrrechts und die Achtung der Bürger-, Menschen- und nationalen Rechte der Palästinenser.

Die letztgenannte Option wäre zweifellos die beste, denn sie ist die einzige, mit der Frieden möglich ist. Doch keine der israelischen Regierungen der vergangenen 40 Jahre hat sie je in Erwägung gezogen, geschweige denn umgesetzt.

Zur Doppelmoral, die in der Rhetorik und den katastrophalen Entscheidungen der Vereinigten Staaten und Europas zum Ausdruck kommt, möchte ich einen deutsch-palästinensischen Kommentator, Anis Hamadeh, zitieren. Er schrieb im April 2006:

Die EU und die USA haben die Überweisung von Hilfsgeldern für Palästina eingestellt. Wie aus den Medien hervorgeht, ist dies als Bestrafung der palästinensischen Gesellschaft gedacht, da sie die falsche Partei gewählt hat. Zwar sollte nach Ansicht des Westens diese Wahl demokratisch sein, allerdings unter der Bedingung, dass eine bestimmte Partei als Siegerin daraus hervorgeht. Der Hamas, die die Wahl gewonnen hat, werden drei Dinge vorgeworfen: dass sie das Existenzrecht Israels nicht anerkennt, dass sie der Gewalt nicht abschwört und dass sie bestehende Verträge nicht einhält.

Ist das nicht zynisch, könnte jemand einwerfen, da diese drei Dinge den jüdischen Staat besser charakterisieren als die palästinensische Seite: Israel hat das Existenzrecht der indigenen Bevölkerung nie anerkannt. Israel hat auch nie der Gewalt abgeschworen, im Gegenteil, es brüstet sich mit seinen »gezielten Tötungen« und ständigen militärischen Angriffen. Israel hält drittens keine Verträge und UN-Resolutionen ein, sondern entscheidet grundsätzlich unilateral. Die Palästinenser haben weder gleiche Rechte, noch einen Staat oder eine Armee, noch eine vernünftige Infrastruktur.

Israel benutzt die Hamas als weiteren Vorwand, um mit der alten Politik der vollendeten Tatsachen fortzufahren und somit den gerechten Frieden unmöglich zu machen. Zum Abschluss dieses Kapitels möchte ich einen Aufruf dokumentieren, den *Gush Shalom* in Reaktion auf diese unhaltbare Politik an Europa richtete und am 12. April 2006 in der hebräischen und englischen Ausgabe von *Haaretz* sowie in der englischsprachigen *Jerusalem Post* veröffentlichte:

Aufruf an Europa

Wir, um die Zukunft unseres Staates besorgte israelische Patrioten, appellieren hiermit an Sie, die Führer der Europäischen Union und die europäischen Regierungschefs:

Beenden Sie die Blockade der palästinensischen Regierung!

Lassen Sie nicht ein ganzes Volk Hunger leiden, um seine gewählte Regierung zu stürzen!

Es ist gerade einmal drei Monate her, dass europäische Beobachter die palästinensischen Wahlen überwachten. Sie bescheinigten Palästina, die erste Demokratie der arabischen Welt zu sein, wobei dies nun schon die zweiten demokratischen Wahlen in Palästina waren – die ersten hatte die Fatah gewonnen.

Dieses Mal wurde das Parlament gewählt. Die Mehrheit der Stimmen entfiel auf die Hamas. Und jetzt erteilen Sie den Palästinensern eine Lektion in Sachen Demokratie, indem Sie sie vor die folgende Wahl stellen: Entweder ihr stürzt die soeben von euch gewählte Regierung oder es gibt keine Milch für eure Kinder, keine Medizin für eure Kranken, keine Arbeit für eure Arbeitslosen, keine Gehälter für eure Ärzte und Lehrer.

Sie sind gerade dabei, den Palästinensern die Behandlung angedeihen zu lassen, die der Berater des Ministerpräsidenten voller Zynismus verordnet hat: »Wir müssen sie auf Diät setzen, ohne dass sie dabei draufgehen.«

Das ist nicht nur eine barbarische Politik, sondern auch ein schlimmer Fehler: Kein Volk der Welt würde sich einem solch brutalen und erniedrigenden Druck von außen beugen. Das unvermeidliche Ergebnis dieser Politik wird eine weitere Radikalisierung der palästinensischen öffentlichen Meinung sowie eine Zunahme des Hasses der gesamten arabischen und muslimischen Welt auf Israel und den Westen sein.

Dies rückt die Aussicht auf Frieden – den wir alle so sehr brauchen wie die Luft zum Atmen – noch weiter in die Ferne. Die Folge wird ein Blutbad sein, in dem Tausende umkommen werden: Israelis, Palästinenser, Europäer und Amerikaner.

Reden Sie mit der palästinensischen Regierung!

Beginnen Sie einen Dialog mit der Hamas!

Gewiss, die Hamas muss das Existenzrecht des Staates Israel anerkennen, so wie auch Israel das Existenzrecht des Staates Palästina anerkennen muss. Doch dies kann nur auf dem Verhandlungswege erreicht werden, und eine solche Anerkennung kann nicht die Vorbedingung für Verhandlungen sein.

Gewiss, die Hamas muss der Gewalt abschwören, so wie auch Israel der Gewalt abschwören muss. Doch ein lang anhaltender Waffenstillstand kann auch jetzt noch vereinbart werden.

Gewiss, die Hamas muss die Zwei-Staaten-Lösung akzeptieren, so wie auch Israel die Zwei-Staaten-Lösung akzeptieren muss. Doch die Führer der Hamas haben ihre Zustimmung zu dieser Lösung bereits signalisiert, und darüber gilt es jetzt am Verhandlungstisch zu sprechen.

Wir fordern Sie, die Sie an der Spitze Europas stehen, auf:

Geben Sie dem Druck von außen nicht nach. Ein solcher, von auswärtigen Interessen geleiteter Druck hat in der jüngsten Vergangenheit schon mehrfach Unheil über den Nahen Osten gebracht.

Frieden herbeizuführen, liegt im Interesse Europas, wie auch Israels und Palästinas.

Um unser aller willen: Verfolgen Sie einen unabhängigen Kurs und lassen Sie sich dabei von Weisheit und Moral leiten!

Gush Shalom
Der israelische Friedensblock

Diesem Appell schließe ich mich an, wobei ich noch einen ganz wesentlichen Punkt hinzufügen möchte: Beachten Sie das Völkerrecht als Wegweiser für uns alle!

Vergessen Sie nicht, dass das palästinensische Volk nun seit bald 40 Jahren unter der israelischen Besatzung lebt, einer unterdrückerischen, gewalttätigen, grausamen Besatzung. Zu Ihrer Erinnerung: Bereits im November 1967 verabschiedete der UN-Sicherheitsrat die Resolution 242. Sie verlangt »unter der Betonung der Unzulässigkeit des Gebietserwerbs durch Krieg« den Rückzug der israelischen Streitkräfte aus den kurz zuvor – beim Sechstagekrieg vom Juni 1967 – besetzten Gebieten. Diese Besatzung muss endlich ein Ende haben! Alle israelischen Maßnahmen zur Erhaltung dieser völkerrechtswidrigen Besatzung bedeuten Aggression, nicht Selbstverteidigung. Deshalb fordere ich:

Stellen Sie sich nicht länger taub und blind und stumm!

Hören Sie auf, mit zweierlei Maß zu messen!

Nehmen Sie das Völkerrecht ernst und sorgen Sie dafür, dass Israel dies ebenfalls tut!

Der israelische Wahlkampf und seine Folgen

Wenn mich jemand nach der Quintessenz des Wahlkampfs zu den israelischen Parlamentswahlen von 2006 fragen würde, wäre meine Antwort: die Jericho-Affäre, also jener denkwürdige Tag im März 2006, an dem Israel das Jericho-Gefängnis stürmen ließ, um die dort einsitzenden, für den Mord an »Tourismusminister« Zeevi verantwortlichen palästinensischen Gefangenen zu entführen und in israelische Haft zu nehmen, bevor die palästinensische Führung womöglich auf die Idee käme, die Männer in die Freiheit zu entlassen.

Kurz zur Vorgeschichte*: Mit dem Mord an Rehavam Zeevi, der offen für die Vertreibung aller Araber eingetreten war, hatte die marxistische »Volksfront für die Befreiung Palästinas« (PFLP) im Jahr 2001 Rache für den Mord an ihrem Generalsekretär Abu Ali Mustafa geübt. Im Frühjahr 2002 überführte die palästinensische Autonomiebehörde die Verantwortlichen ins Jericho-Gefängnis, wo sie unter der Aufsicht britischer und US-amerikanischer Wachen stehen sollten. Diese Wachen zogen am Morgen des 14. März 2006 aus unerfindlichen Gründen von dannen. Weniger als eine halbe Stunde später war das Gefängnis von israelischen Truppen umstellt.

* Siehe *The Other Israel*, Mai 2006

Uri Avnery hat zu Recht von einer widerlichen Affäre gesprochen und die Aktion scharf und treffend kommentiert (23. März 2006):

Zunächst einmal war diese Aktion deswegen widerlich, weil sie reine Wahlpropaganda war. Wenn ein Politiker die Armee in Marsch setzt, um Stimmen zu gewinnen, dann ist das eine abscheuliche Sache. Bei dieser Aktion wurden drei Menschen getötet. Viele weitere Menschen, Palästinenser wie Israelis, hätten wegen dieses Wahlkampftricks ihr Leben verlieren können.

Der schreckliche Zynismus, mit dem sich die israelische Führung zu dieser Aktion entschlossen hatte, lag auf der Hand. Nicht einmal den Wählern ist er entgangen. Bei einer zwei Tage später durchgeführten Meinungsumfrage gaben 47 Prozent der Befragten an, sie glaubten, die Aktion sei aus wahltaktischen Gründen erfolgt. Nur 49 Prozent der Befragten glaubten, dies sei nicht der Fall gewesen …

Der Trick hat funktioniert. Bei derselben Umfrage gaben 20,7 Prozent der Wähler an, die Jericho-Affäre habe sie entweder erst dazu bewogen, Kadima* zu wählen, oder sie habe sie in ihrem Entschluss bestärkt, es zu tun …

Generalleutnant Dan Halutz kann mächtig stolz auf seinen Sieg sein. Zuvor hatte er ja schon Berühmtheit erlangt durch seine Aussage, dass das Einzige, was er beim Abwurf einer Bombe über zivilem Wohngebiet empfinde, ein leichtes Ruckeln an der Tragfläche sei, selbst wenn mit der Bombe Frauen und Kinder getötet würden. Anschließend schlafe er gut, hatte er noch versichert. Und nun hat er es also zum ganz großen Ruhm gebracht: Es ist ihm durch den Einsatz Dutzender Panzer, Kampfflugzeuge und schwerer Armeebulldozer tatsächlich gelungen, in

* Kadima: die von Scharon nach Differenzen innerhalb des Likud im Jahr 2005 gegründete und seit seinem krankheitsbedingten Ausscheiden aus der Politik im Januar 2006 von Ehud Olmert weitergeführte Partei

dieser kleinen, ruhigen, friedlichen, vom Tourismus lebenden Stadt sechs unbewaffnete Häftlinge in seine Gewalt zu bringen.

Im Verlauf dieser Aktion inszenierten Halutz' Soldaten eine widerwärtige Szene, die das Image der israelischen Armee in den AugenHunderter Millionen von Fernsehzuschauern beschmutzte. Seine Soldaten befahlen den palästinensischen Polizisten und Gefangenen, ihre Kleidung abzulegen, und dann ließen sie sie immer wieder - und noch einmal und noch einmal - in ihren Unterhosen fotografieren. Zu einer solchen Maßnahme bestand gar kein Anlass. Der Vorwand, die Männer könnten versteckte Sprengstoffgürtel am Leib tragen, war unter den gegebenen Umständen lächerlich. Außerdem: Wenn die Untersuchung denn wirklich nötig gewesen wäre, hätte man sie auch ohne Fotoapparate und fernab der Fernsehkameras durchführen können. Die wahre Absicht des israelischen Militärs bestand zweifellos darin, die palästinensischen Männer zu erniedrigen, ihnen ihre Würde zu rauben und die eigenen sadistischen Neigungen zu befriedigen.

Ein Mensch kann vielleicht über Schläge hinwegkommen, ja vielleicht sogar über Folter. Aber die Erfahrung, erniedrigt worden zu sein, wird er niemals vergessen können, vor allem dann nicht, wenn er diese Erniedrigung vor den Augen seiner Familie, Freunde und Kollegen sowie vor Fernsehzuschauern in aller Welt zu erdulden hatte. Wie viele Terroristen wohl in jenem Moment geboren wurden?

Ich war an diesem Tag zufällig zu Besuch bei Freunden in einem palästinensischen Dorf im Westjordanland. Wir, meine Gastgeber und ich, starrten wie gebannt auf den Fernsehbildschirm (hauptsächlich *Al Jazeera*). Als diese Bilder gezeigt wurden, konnte ich meinen Gastgebern vor lauter Scham nicht mehr in die Augen sehen.

Die israelischen Medien haben die Sache voll ausgekostet, ja, sie flippten regelrecht aus vor lauter Begeisterung. Und sie leisteten ihren eigenen Beitrag zu diesem verabscheuungswürdigen Spektakel, indem sie vor der Regierung strammstanden und wie ein Schwarm Papageien eifrig das nachplapperten, was sich laut der lügnerischen offiziellen Version abgespielt hatte.

Einem richtigen Gehirnwäsche-Festival durften wir beiwohnen: »Zeevis Mörder« sind gefasst! Es war unsere nationale Pflicht! Wir konnten nicht eher ruhen, bis wir sie geschnappt hatten, tot oder lebendig!

Diese beiden Wörter – »Zeevis Mörder« – wurden zum Mantra. Sie wurden unendlich viele Male im Radio und Fernsehen wiederholt, tauchten in den Zeitungen auf (in *sämtlichen*) und fanden Eingang in die Reden der Politiker (in *sämtliche*). So ist es eben: Israelis werden »ermordet«, Palästinenser »eliminiert«.

Warum, um Himmels willen? Rehavam Zeevi, der seinerzeit einen Ministerposten in der israelischen Regierung bekleidete, predigte Tag und Nacht den »Transfer« – so die verharmlosende Bezeichnung für die Vertreibung der Palästinenser aus Palästina. Verglichen mit Zeevi sind Frankreichs Jean-Marie Le Pen und Österreichs Jörg Haider barmherzige Liberale. Die gezielte Tötung Zeevis unterschied sich in keiner Weise von der gezielten Tötung Scheich Achmed Yassins und Dutzender anderer palästinensischer Führer, wie etwa Volksfront-Chef Abu Ali Mustafa, dem Israel nach Unterzeichnung der Oslo-Abkommen die Rückkehr von Syrien in die palästinensischen Gebiete gestattet hatte.

Dies ist Teil der endlosen Gewaltspirale: Die israelische Armee tötete Abu Ali Mustafa. Sein Nachfolger an der Spitze der PFLP war Achmed Saadat. Dieser wiederum befahl nach Angaben des israelischen Geheimdienstes aus Rache die Tötung Rehavam Zeevis. Und die Festnahme Saadats war nun das Ziel der Aktion in Jericho. Und so geht es immer weiter.

Eines möchte ich klarstellen: Ich bin grundsätzlich gegen Morde. Gegen ihre wie unsere. Gegen den Mord an Abu Ali Mustafa und gegen den Mord an Rehavam Zeevi. Wer aber das Blut eines palästinensischen Führers vergießt, darf sich nicht beklagen, wenn das Blut eines israelischen Führers ebenso vergossen wird.

Mit Verweis auf die Tatsache, dass die Briten und Amerikaner in geheimer Absprache mit dem israelischen Ministerpräsidenten und nach wochenlangen Vorbereitungen schließlich zum verabredeten Zeitpunkt verschwanden, um der israelischen Armee das Feld zu überlassen, kommentierte Avnery die infame Rolle, die die westlichen Großmächte bei dieser Aktion spielten, und stellte sie in einen größeren Zusammenhang:

Und dann hat die Affäre noch eine andere Seite, die nicht weniger widerwärtig ist, nämlich die Einstellung zu der Frage, inwieweit man sich an einmal geschlossene Abkommen zu halten hat.

Saadat und seine Mitstreiter wurden in Jericho in Übereinstimmung mit einem von Israel unterzeichneten Abkommen festgehalten. Dieses Abkommen war der Grund, warum die Männer eingewilligt hatten, den belagerten Amtssitz von Präsident Yassir Arafat in Ramallah zu verlassen und ihre Haft im Gefängnis von Jericho anzutreten. Die Vereinigten Staaten und Großbritannien verbürgten sich für die Sicherheit der Männer und verpflichteten sich, ihre Haft zu überwachen.

Was jetzt in Jericho passiert ist, stellt einen eklatanten Bruch dieses Abkommens dar. Die faulen Ausreden, die in Jerusalem, London und Washington ersonnen wurden, waren eine Beleidigung für die Intelligenz eines Zehnjährigen.

Israelische Regierungen neigen dazu, die Nichteinhaltung von Abkommen als patriotische Tat zu bewerten, wenn sie unserer Sache dient. Abkommen sind nur für die andere Seite verbindlich. So etwas zeugt nicht nur von primitiver Moral, es schadet auch unseren nationalen Interessen. Wer soll mit uns ein Abkommen schließen, wenn er schon von vornherein weiß, dass nur er sich daran zu halten haben wird? Mit welchem Recht verlangt Israel, dass sich die Hamas-Führer zur Einhaltung aller von Israel mit der palästinensischen Autonomiebehörde geschlossenen Abkommen verpflichten?

Avnerys Frage ist natürlich eine rhetorische, aber ich möchte sie dennoch beantworten: Eine solche Farce ist nur möglich dank der Doppelmoral Israels und seiner Verbündeten.

Wie Avnery berichtete, hat dieser israelische Wahlkampftrick drei palästinensische Tote gefordert; darüber hinaus wurden einige Menschen verletzt (laut *Al Jazeera* 23). Israel nahm bei der Aktion auch noch sehr viel mehr Gefangene mit als »nur« die »Mörder Zeevis« (laut *The Other Israel* zirka 30); die übrigen Häftlinge, die wegen Diebstahl, Raub, Vergewaltigung oder Mord einsaßen (laut *The Other Israel* über 100), entließ Israel mitten in Jericho in die Freiheit.

Der Nahost-Korrespondent der Tageszeitung *Neues Deutschland,* Oliver Eberhardt, gab nach der Jericho-Affäre Aussagen von Palästinensern wieder, die darauf hinwiesen, dass die moderaten Kräfte derzeit stark geschwächt seien. Die Militanz dominiere, insbesondere wegen der Demütigung der Entführten, und es sei kein Wunder, wenn das Ergebnis eine neue Intifada sein werde (18./19. März 2006).

Viele Kommentatoren bezeichneten den israelischen Wahlkampf als langweilig. Das Thema Frieden kam darin fast gar nicht vor, was Besorgnis erregend ist. Bei den Debatten ging es zumeist um soziale Fragen. Uri Avnery sah in der geringen Wahlbeteiligung ein Zeichen von Politikverdrossenheit. Vor allem viele junge Leute hätten für die Demokratie leider nur Verachtung übrig.

Die Wahlen gewonnen hat, wie erwartet, die von Scharon kurz vor seinem Ausscheiden aus der Politik gegründete und von Olmert weitergeführte Partei Kadima. Sie blieb mit ihrem Ergebnis allerdings hinter den Erwartungen zurück. Sie hatte mit 45 Sitzen gerechnet, musste sich dann jedoch mit 29 Sitzen begnügen. Um die Politik diktieren zu können, reichte das nicht aus; die Enttäuschung war entsprechend groß. Die Arbeitspartei kam, wie bei den vorherigen Wahlen, auf lediglich 19 Sitze, stellt aber jetzt den Verteidigungsminister, auf den ich noch zu sprechen kommen werde. Doch zunächst ein paar Worte zu Olmert. Kurz nach den Wahlen war in der deutschen Presse Folgendes über seine Pläne zu erfahren (AP/dpa-Meldung vom 10. April 2006):

Der designierte israelische Ministerpräsident Ehud Olmert hält Friedensgespräche mit dem palästinensischen Präsidenten Mahmud Abbas offenbar nicht für sinnvoll. Abbas habe seit dem Sieg der Hamas-Bewegung bei der Parlamentswahl in den Autonomiegebieten an Autorität eingebüßt, sagte Olmert jetzt. Er sieht die Zeit für »einseitige Lösungen« gekommen. »Wenn wir zu dem Ergebnis kommen, dass die Palästinenser nicht bereit sind, Bedingungen zu erfüllen, die zu Verhandlungen führen, werden wir ohne Verhandlungen handeln.« Im Westjordanland werde es keinen israelischen Rückzug wie im Gazastreifen geben. Beabsichtigt sei nur die Aufgabe einzelner verstreuter Siedlungen.

Ein palästinensischer Partner für Olmerts »Lösungen« ist noch nicht geboren...

Der Koordinator des *Israeli Committee Against House Demolitions* (Israelisches Komitee gegen Häuserzerstörungen, ICAHD), Jeff Halper, der gemeinsam mit dem palästinensischen Friedensaktivisten Ghassan Andoni ein Anwärter für den Friedensnobelpreis des Jahres 2006 ist, hat die israelischen Parlamentswahlen wie folgt kommentiert:

Oberflächlich betrachtet, waren die israelischen Wahlen langweilig. Keine einzige der 31 beteiligten Parteien schrieb sich Ziele auf die Fahne, die die Öffentlichkeit hätten mobilisieren können. Keine Partei konnte sich wirklich als »Gewinnerin« fühlen und eine dominierende Stellung für sich beanspruchen. Die Partei, die nun die größte Fraktion stellt, Scharons jetzt von Olmert geführte Kadima, erhielt nur 29 der insgesamt 120 Knesset-Sitze. Insgesamt ging die Rechte, ja sogar die extreme Rechte gestärkt aus den Wahlen hervor. (Zu Letzterer zähle ich auch Scharons und Olmerts Kadima, die keineswegs in der politischen Mitte zu verorten ist - sie ist genauso rechtsextrem wie andere Parteien am rechten Rand, nur dass sie sich besser zu präsentieren versteht.) Das bedeutet: Die Parteien, die noch nicht einmal über die Idee eines lebensfähigen palästinensischen Staates nachzudenken bereit sind, haben insgesamt 73 Sitze gewonnen. Die linken und liberalen Parteien kommen indes gerade einmal auf insgesamt 30 Sitze.

Das Wort »langweilig« beschreibt in der Tat am besten, wie die Wahlen in der israelischen Öffentlichkeit wahrgenommen wurden. Das einzige substanzielle Problem, das im Wahlkampf angegangen wurde, war die Notlage der Armen und der Arbeiter, und für dieses Thema brachte die israelische Bevölkerung kein allzu großes Interesse auf.

Dennoch gibt es durchaus Erstaunliches zu berichten, nämlich die Tatsache, dass die Israelis von den Wahlen derart gelangweilt waren. Dabei hatte Ehud Olmert den Wählern direkt ins Gesicht gesagt, was er als Ministerpräsident zu tun gedachte: Die erste und dringlichste Aufgabe seiner neuen Regierung werde es sein, die endgültigen Staatsgrenzen Israels festzulegen, also die massiven Siedlungsblöcke sowie das Gebiet für »Großjerusalem« und das Jordantal zu annektieren und die Palästinenser in ungefähr fünf isolierten, verarmten und nicht lebensfähigen Kantonen (so Scharons Bezeichnung für diese Gebiete) zusammenzupferchen, die die Palästinenser dann als ihren »Staat« akzeptieren sollten.

Olmerts Plan wurde natürlich als eine tolle Sache verkauft, und zwar mit einer Terminologie, auf die Orwell hätte stolz sein können. »Hitkansut« wird nun die operationelle Phase der »Trennung« von den Palästinensern genannt. Das ist der hebräische Ausdruck für ein »Sich-in-sich-selbst-Zurückziehen.« Und, wie es scheint, ist das genau das, was die israelische Öffentlichkeit will. (Nicht weniger als 85 Prozent der israelischen Juden unterstützen den Bau der Mauer beziehungsweise des »Trennzauns«.) Vielleicht erklärt das ja, warum keine öffentliche Diskussion darüber stattfand, keine abweichenden Meinungen geäußert wurden und niemand auf die Idee kam, »Hitkansut« zum Wahlkampfthema zu machen. Mit diesem Ausdruck ist kein israelischer Rückzug auf die vor 1967 bestehenden Grenzen gemeint. Dahinter verbirgt sich vielmehr der Plan, die bislang außerhalb der großen Siedlungsblöcke übers ganze Westjordanland verstreuten Siedler in ebendiese Blöcke umzusiedeln, die Siedler also dort zusammenzuziehen (»Konvergenz«).

Die Idee, den Palästinensern diejenigen Gebiete, in denen besonders viele von ihnen wohnen, abzutreten, klingt zwar gut in den Ohren israelischer Juden, bedeutet aber Apartheid. Und diese Apartheid wird den Palästinensern unilateral aufgezwungen, weil Israel ihnen nichts anzubieten hat. Die Palästinenser bekommen dann zwar 70 bis 85 Prozent der besetzten Gebiete, doch diese werden nur aus zerstückelten Enklaven bestehen. Israel behält die Kontrolle über sämtliche Grenzen, über den palästinensischen Verkehr zwischen den einzelnen Kantonen, über die gesamten Wasserreserven, das fruchtbarste Agrarland und die großen Siedlungsblöcke einschließlich »Großjerusalems« – ungeachtet der Tatsache, dass hier 40 Prozent der palästinensischen Wirtschaftsleistung erbracht werden – sowie die Kontrolle über den Luftraum der Palästinenser und sogar über ihr Kommunikationswesen.

Auch sämtliche Landstriche, die noch Entwicklungspotenzial aufweisen, verleibt Israel sich endgültig ein, während es den Palästinensern nur einzelne Enklaven unfruchtbaren Landes übrig lässt. Israel dehnt sich damit auf 85 Prozent des historischen Palästina aus. Den Palästinensern - deren Bevölkerung zahlenmäßig größer ist oder zumindest bald größer sein wird - bleiben nur ungefähr 15 Prozent des historischen Palästina, und diese 15 Prozent sind zerstückelt, nicht lebensfähig und nur halb-souverän: ein Bantustan wie zur Zeit der südafrikanischen Apartheid.

Nun zu Israels neuem Verteidigungsminister: Amir Peretz. Er hatte sich vor den Wahlen mit ein paar wohlklingenden Worten zu Frieden, Gerechtigkeit und einem Ende der Besatzung vernehmen lassen und wurde im Wahlkampf als der neue Hoffnungsträger der Arbeitspartei angepriesen. Avnery, der vermutet, dass Peretz im neuen Kabinett der zweitwichtigste Mann sein wird, hat ihn kurz nach den Wahlen wie folgt beschrieben:

Mit Peretz steht zum ersten Mal ein »orientalischer« Jude an der Spitze einer der großen israelischen Parteien. Er hat die historische Ablehnung der Arbeitspartei durch die aus muslimischen Ländern eingewanderten Juden und ihre Nachkommen überwunden. Die beiden bislang gültigen Formeln »orientalisch = arm = rechts« und »europäisch = wohlhabend = links« gibt es nicht mehr. Das hat sich zwar noch nicht allzu stark im Wahlverhalten niedergeschlagen; die zusätzlichen Stimmen, die der Arbeitspartei bei diesem Urnengang von orientalischer Seite zugeflossen sind, sind sicher erst der Anfang. Doch niemand, der gesehen hat, wie Peretz auf den Marktplätzen empfangen wurde, die bislang fest in der Hand des Likud waren, wird bezweifeln können, dass sich hier etwas ganz Grundlegendes geändert hat.

In der Tat, Amir Peretz ist das wichtigste Regierungsmitglied in der Koalition von Kadima und Arbeitspartei geworden. Er kommt gleich nach Olmert, und er führt seinen Job als »Verteidigungsminister« zu dessen vollster Zufriedenheit aus. Was Peretz den Palästinensern in den ersten Monaten seiner Amtszeit an Staatsterror geboten hat, braucht den Vergleich mit berühmten Vorgängern, die, anders als er, hochrangige Militärs waren, nicht zu scheuen. In dieser Hinsicht hat sich also definitiv *nichts* Grundlegendes geändert. Hier nur ein paar Beispiele für Peretz' bisherige »Erfolge«:

Das *International Middle East Media Center* (IMEMC) berichtete im Mai 2006, dass die israelische Armee zwischen dem 7. und 14. des Monats 38 Mal in palästinensische Orte im Westjordanland eingerückt sei, dabei Häuser durchsuchte und 61 palästinensische Zivilisten gefangen nahm, unter ihnen elf Kinder. Bei Hausdurchsuchungen in der Nähe von Dschenin und Qabatiya hätten israelische Truppen darüber hinaus sieben Palästinenser getötet. Peretz hat die Armee für diese Aktion gepriesen.

Am 24. Mai 2006 wurden, wie *Haaretz* berichtete, bei einer Razzia in Ramallah vier weitere Palästinenser getötet. Eine klare Provokation gegenüber der palästinensischen Führung, die einen politischen Dialog führte.

Ende Mai 2006 verlor der 28 Jahre alte Hamdi Aman seine Familie, als die israelische Armee einen Anschlag auf Mohammed Dahdouh, ein Mitglied des Islamischen Dschihad, verübte. Gideon Levy schrieb eineinhalb Wochen nach der Tat unter der Überschrift: »Kollateralschaden: eine ganze Familie im Gazastreifen«:

Amans sieben Jahre alter Sohn Muhand wurde getötet; seine Frau Naima, 27, wurde getötet; seine Mutter Hanan, 46, wurde getötet. Seine dreieinhalbjährige Tochter Mariya liegt auf der Intensivstation für Kinder im Sheba Medical Center in Tel Haschomer, wo sie künstlich beatmet wird. Sie wird für immer gelähmt sein. Aman wird nicht zu ihr gelassen.

Sein jüngster Sohn, der zwei Jahre alte Muaman, wurde durch Granatsplitter leicht am Rücken verletzt; Amans eigener Körper steckt ebenfalls voller Granatsplitter. Amans Onkel Nahed, 33 Jahre alt und Vater von zwei Kleinkindern, liegt im Sourasky Medical Center in Tel Aviv. Er ist vollkommen gelähmt, sein Zustand ist kritisch.

Ein paar Tage später berichteten die *Badischen Neuesten Nachrichten* (10. Juni 2006) unter Verwendung einer Meldung der Deutschen Presse-Agentur Folgendes:

Das israelische Militär hat bei den heftigsten Angriffen seit dem Abzug aus dem Gazastreifen binnen Stunden mindestens 18 Palästinenser getötet. Darunter seien der als Generalinspekteur des Innenministeriums nominierte Milizenführer Dschamal Abu Samhadana, aber auch viele Zivilisten, teilte die palästinensische Polizei mit. Mindestens elf Tote – darunter Frauen und Kinder – habe es gegeben, als ein Marineboot das Feuer auf den Strand von Gaza eröffnete. Der bewaffnete Flügel der regierenden Hamas-Organisation kündigte daraufhin eine seit einem Jahr weitgehend eingehaltene Waffenruhe auf.

Eine ganze Familie wurde ausgelöscht, nur eine Tochter ist noch am Leben. Vierzig Palästinenser wurden verletzt. Und auch diese militärische Aktion war dazu da, die Hamas zu provozieren.

Am 10. Juni 2006 demonstrierten unsere Friedenskräfte vor dem Haus von Generalstabschef Dan Halutz gegen dieses Verbrechen. (Unter den Demonstranten war übrigens auch Dana Olmert von Peace Now – die Tochter des Ministerpräsidenten hat andere politische Ansichten als ihr Vater...) Bei der Protestkundgebung forderte Gush Shalom ein Ende der Angriffe auf Zivilisten und erklärte:

Die israelische Regierung überzieht uns mit einer Welle der Gewalt und ertränkt uns in einem Meer aus Blut.

Die israelische Armee setzt ihre brutalen Angriffe auf unschuldige Zivilisten fort. Unter den Opfern sind Kinder, Frauen und Alte. Allein heute wurden zwölf Personen getötet, während sie am Strand saßen; Dutzende wurden verletzt.

Zusammen mit Olmert und Halutz zeichnet der Arbeiterführer und »Mann des Friedens«, Amir Peretz, für rücksichtslose Angriffe auf palästinensische Zivilisten verantwortlich. Peretz begeht, genau wie sein Amtsvorgänger, Verteidigungsminister Mofaz, Kriegsverbrechen.

Die israelische Regierung tut alles Mögliche, um Verhandlungen mit den palästinensischen Volksvertretern aus dem Wege zu gehen.

Auch die schon erwähnten *European Jews for a Just Peace* (EJJP) haben sich zu Wort gemeldet. Ihre unermüdliche Aktivistin in Wien, Paula Abrams-Hourani, schrieb mir am 14. Juni 2006:

Liebe Felicia,
wir haben heute eine Mahnwache vor der israelischen Botschaft in Wien, und ich werde die EJJP-Presseaussendung vorlesen. Am Wochenende habe ich sie geschrieben. Leider sind die Toten und Verwundeten noch mehr geworden. Ich glaube, das Land ist wahnsinnig geworden ... ehrlich!

Ich bin sehr traurig, entmutigt, aber ich kann nicht aufgeben – wegen der Ungerechtigkeit und den Menschen, die tagtäglich mit diesen Gräueltaten leben müssen.

Die Pressemitteilung der EJJP enthielt unter anderem die folgenden Worte: »Diese verabscheuungswürdigen Taten gegen ein eingesperrtes Volk, gegen eine unter Besatzung lebende Zivilbevölkerung, sind uneingeschränkt zu verurteilen. Wir, *European Jews for a Just Peace,* unterstützen die israelischen Friedensgruppen, die am 10. Juni vor dem Haus von Dan Halutz in Tel Aviv dagegen demonstrierten.«

Das Morden im Gazastreifen wurde am 13. Juni 2006 fortgesetzt. In Gaza-Stadt wurden zwei israelische Raketen auf ein Auto abgefeuert. Neun Menschen wurden dabei getötet, darunter (auch laut israelischen Angaben) sieben Zivilisten. Unter den Toten waren auch zwei Sanitäter, die herbeigeeilt waren, um die Verwundeten zu versorgen. Israel rechtfertigte diese Militäraktion mit dem Beschuss Israels durch palästinensische Qassam-Raketen. Der palästinensische Präsident Abbas hat das Verbrechen indes zu Recht als Staatsterror bezeichnet.

Der arabische Knesset-Abgeordnete Dschamal Zabalka von der Partei Balad sagte am 13. Juni 2006 laut *Haaretz*, der »Zivilist« Amir Peretz sei »schlimmer als der Schlimmste der Generäle«, die vor ihm das Amt des israelischen Verteidigungsministers innegehabt hätten.

Ich hatte eigentlich geglaubt, die Arbeitspartei sei schon vor Jahren, mit Schimon Peres, an ihrem geistigen und moralischen Tiefpunkt angelangt. Amir Peretz hat mich nun eines Besseren belehrt.

Ich muss noch auf ein Wahlergebnis ganz anderer Art zu sprechen kommen: ein Selbstmordattentat, das am 17. April 2006 in Tel Aviv verübt wurde. Ich habe meine Verurteilung jeglicher gegen Zivilisten gerichteter Anschläge wiederholt zum Ausdruck gebracht. Ich trauere um die Opfer. Die israelische Bevölkerung muss jedoch endlich begreifen, dass es die mörderische Politik ihres Staates ist, die diesen Taten den Boden bereitet, eine Politik, die nicht nur eine palästinensische Tragödie ist, sondern auch eine israelische.

In diesem Sinne möchte ich abschließend Nurit Peled Elhanan zitieren, die bei einem Jerusalemer Selbstmordattentat im September 1997 ihre 13 Jahre alte Tochter Smadar Elhanan verlor. Nach dem Attentat, das auf die israelischen Wahlen im Frühjahr 2006 folgte, schrieb Nurit Peled in Bezug auf die neue Regierung:

Als gestern diese blutrünstigen, größenwahnsinnigen Verbrecher in der Knesset vereidigt wurden, sprengte ein Junge, dessen Leben von diesen Herrschaften in die denkbar schrecklichste Hölle auf Erden verwandelt worden war und der sein Getto nie zuvor hatte verlassen können, sich selbst und ein paar andere elende Menschen am zentralen Busbahnhof in Tel Aviv in die Luft. Hier sind »Illegale«, Straßenkinder, importierte Huren und Junkies zu Hause. Einen schlechter bewachten Ort wird man in Israel schwerlich finden.

Wenn es denn einen Gott gibt, dann will ich hoffen, dass er diesem Jungen gemeinsam mit all seinen Opfern die schöne Welt zeigt, die keiner von ihnen je hat erleben dürfen, weil die Herren der Finsternis gestern gelobt haben, sie weiterhin zu quälen und ihrer aller Leben in die denkbar schrecklichste Hölle auf Erden zu verwandeln, hier, im Höllischen Land.

Ausblick

Vierzig Jahre nach Beginn der israelischen Besatzung ist es leider nötiger denn je, auf eine grundlegende Tatsache hinzuweisen: *Der Befreiungskampf eines unter Besatzung lebenden Volkes ist völkerrechtlich sanktioniert.* Israel setzt sich seit Jahrzehnten beständig über UN-Resolutionen hinweg und weigert sich auch, die Forderungen des Internationalen Gerichtshofs in Den Haag vom Juli 2004 bezüglich der Mauer im Westjordanland zu erfüllen. Israel leistet sich diese Arroganz der Macht, weil es auf die volle politische, wirtschaftliche und militärische Unterstützung der Vereinigten Staaten und der Europäischen Union zählen kann, die sich damit ihrerseits über ihre völkerrechtlichen Verpflichtungen hinwegsetzen.

Die (keineswegs nur aus Juden bestehende) »pro«-israelische Lobby tut ihr Möglichstes, damit es bei dieser Unterstützung durch die westlichen Regierungen bleibt: Wer sich dafür einsetzt, dass die ethnischen Säuberungen, die wirtschaftliche Strangulierung der noch übrigen palästinensischen Gebiete, der Raub von Land und Wasser, die Lahmlegung der medizinischen Versorgung, die Zerstörungen von Wohnhäusern, Olivenbäumen und Brunnen, die Tötungen, Folterungen, Misshandlungen und alltäglichen Schikanen, die Justizwillkür und all die anderen Dinge, *die allesamt auf die Zerstörung des Einzelnen und der Paläs-*

tinenser als Nation zielen, im Falle Israels weiterhin erlaubt sein müssen, der gilt als pro-israelisch, als mutiger Fürsprecher des unterdrückten jüdischen Volkes, als Freund des »Friedensprozesses«. Wer hingegen ein Ende dieser Verbrechen fordert, der gilt als anti-israelisch, als Antisemit (beziehungsweise als jüdischer Nestbeschmutzer), als Terrorsympathisant, als jemand, dem jeder anständige Mensch und erst recht jeder anständige Deutsche das jüdische Recht auf Selbstverteidigung entgegenhalten müsse. In den vorangegangen Kapiteln ist hoffentlich deutlich geworden, was von einer solchen Argumentation zu halten ist.

Zum Glück gibt es, in den Vereinigten Staaten ebenso wie in Europa, auch viele Juden, die sich gegen ihre Vereinnahmung durch den »jüdischen Staat« und seine »Freunde« wehren. So wandten sich zum Beispiel die *European Jews for a Just Peace* (EJJP) am 10. April 2006 mit einem Protestbrief an José Manuel Barroso, den Präsidenten der Europäischen Kommission:

Sehr geehrter Herr Präsident,
überaus bestürzt, schockiert und besorgt nehmen wir zur Kenntnis, dass die Europäische Union vorhat, ihre Palästinahilfe auszusetzen. Dies käme der Kollektivbestrafung von rund 3,5 Millionen Palästinensern gleich. Menschen hungern zu lassen, kann unmöglich ein akzeptables Mittel internationaler Diplomatie darstellen. Doch genau darauf liefe eine solche Maßnahme hinaus.

Da Israel den Grenzübergang Karni für den Warenverkehr geschlossen hat, fehlt es den Menschen im Gazastreifen schon jetzt am Nötigsten. Gleichzeitig werden die palästinensischen Fischer von der israelischen Marine daran gehindert, zum Fang auszulaufen, obwohl die betreffenden Gewässer in den internationalen Vereinbarungen als palästinensisch definiert sind. Beim wiederholten Artilleriebeschuss des Gazastreifens hat die israelische Armee auch Kinder getötet, die noch nicht einmal fünf Jahre alt waren.

Darüber hinaus verweigert jetzt die israelische Bank Hapoalim jeglichen Geldtransfer in die palästinensischen Gebiete. Sollten andere Banken diesem Beispiel folgen, wird es unmöglich sein, aus dem Ausland Geld an Organisationen oder Familienmitglieder zu überweisen, denn der gesamte Bankverkehr muss über israelische Korrespondenzbanken abgewickelt werden.

Diese Maßnahmen werden gegen eine Bevölkerung ergriffen, die aufgrund der israelischen Besatzung zum Großteil ohnehin schon auf ausländische Fürsorge angewiesen ist. Ein ganzes Volk wird in den Hunger getrieben und erniedrigt. Die Menschen werden um ihren Besitz gebracht und in Gettos gepfercht, die der Staat Israel mit Hilfe seiner Mauer und der Siedlungen für sie errichtet. Und obwohl die Mauer und die Siedlungen illegal sind, werden Strafmaßnahmen von der Art, wie sie nun gegen die Palästinenser durchgesetzt werden sollen, im Falle Israels noch nicht einmal erwogen. Vielmehr wird jeder Ruf nach einem Abbruch der finanziellen Beziehungen und Boykott – ja selbst die Forderung nach Einhaltung der im Handelsabkommen mit der EU festgelegten Regeln – als unkonstruktiv verworfen. Wir müssen also fragen, wie dann die Entscheidung, die Palästinahilfe auszusetzen, eine konstruktive sein kann.

Man kann nicht, so wie es nun unter anderem die Europäische Union tut, erst demokratische Wahlen verlangen und dann die Wähler abstrafen, weil einem das Wahlergebnis nicht passt. Die Hamas hat seit ihrem Wahlsieg keinerlei anti-israelische Aktionen durchgeführt. Mehr noch: Es hat schon seit über einem Jahr keine gegen Israel gerichteten Hamas-Aktionen mehr gegeben.

Mit Ihrer Politik riskieren Sie, dass es zur Katastrophe kommt, zuallererst für die Palästinenser; doch führt eine solche Politik unweigerlich auch zu mehr Gewalt gegen Israelis. Wenn ein Volk – wohlgemerkt, nicht eine Regierung, sondern ein Volk – dermaßen enttäuscht und erniedrigt wird wie das palästinensische, dann wird es seinem Ärger irgendwann Luft machen. Kann es sein, dass sich die Europäische Union darüber nicht im Klaren ist?

Als Juden wie auch als europäische Staatsbürger, denen die EU letztlich verantwortlich ist, bitten wir Sie hiermit mit aller Dringlichkeit, Ihre Entscheidung zu überdenken, um weitere Gewalt zu verhindern. Ihr jetziges Vorhaben kann den beiden in Israel und in den besetzten Gebieten lebenden Völkern nur weitere Tragödien bescheren.

Mit freundlichen Grüßen
Dror Feiler, Vorsitzender,
und
Dan Judelson, Sekretär,
für das Exekutivkomitee der EJJP

Auch in Israel sorgen unsere Friedenskräfte für Lichtblicke. Hierzu zählt das Engagement von *Machsom Watch,* einer Gruppe israelischer Frauen, die es sich zur Aufgabe gemacht hat, die von der israelischen Armee eingerichteten Kontrollpunkte zu überwachen. Die Friedenskämpferin und ehemalige israelische Bildungsministerin Schulamit Aloni wies im März 2006 darauf hin, dass *Machsom Watch* überall im Land eine Fotoausstellung zeige. Diese dokumentiere die vielen Arten der entwürdigenden Behandlung, der die palästinensische Zivilbevölkerung tagtäglich ausgesetzt sei. Diese Frauen, die dem Ruf ihres Gewissens folgen, leisten, wie Schulamit Aloni betonte, wertvolle Arbeit, denn: »Im besetzten, gestohlenen, gequälten, vor Hunger sterbenden Land, in dem Land, das wir seit 39 Jahren beherrschen, begehen unsere Brüder und Söhne als Soldaten unserer bejubelten Armee unmenschliche Taten.«*

---

* Zitiert nach www.arendt-art.de, Übersetzung Ellen Rohlfs

Ich kann nur hoffen, dass die Dokumentation dieser Schandtaten möglichst viele Israelis dazu bringen wird, sich für die Abschaffung dieses elenden Kontrollpunktregimes und für ein Ende der Besatzung einzusetzen.

Ein weiterer Lichtblick: In ihrem gewaltfreien Kampf gegen die tief in das Westjordanland hineinragende Mauer werden die Palästinenser an Ort und Stelle von israelischen und internationalen Friedenskräften unterstützt, so zum Beispiel im Dorf Bilin. Aktivisten vom International *Solidarity Movement* (ISM), unter ihnen übrigens viele Juden, setzen hier und an anderen Orten im besetzten palästinensischen Gebiet gemeinsam mit anderen Aktivisten aus aller Welt und den israelischen Aktivisten ein klares Zeichen der Brüderlichkeit mit den Palästinensern, die durch dieses monströse Bauwerk nur noch weiter ins Elend getrieben werden. Die israelische Armee reagiert auf diese friedlichen Demonstrationen mit großer Brutalität, doch der Protest geht weiter.

Auch auf dem Gebiet der Mythenentlarvung werden weiterhin Fortschritte gemacht. Israel hat immer behauptet, Arafat habe die zweite Intifada angezettelt und damit bewiesen, dass er in Wirklichkeit überhaupt keinen Frieden mit Israel wolle. Der in Zürich lebende israelische Autor und Kommentator Shraga Elam machte am 4. April 2006 auf einen *Haaretz*-Artikel desselben Tages aufmerksam, in dem zu lesen war, dass nun auch vonseiten hochrangiger israelischer Geheimdienstmitarbeiter eingestanden worden sei, dass die Palästinenser durchaus nicht auf Geheiß Arafats handelten, als sie die zweite Intifada begannen. Den Aufstand »angezettelt« hätten vielmehr, wie

Shraga Elam auch mit Verweis auf den israelischen Journalisten Ben Kaspit schreibt, Israels Armee und Polizei, die auf die friedlichen Proteste der Palästinenser mit Gewalt reagierten. Es lohnt sich, sich in diesem Zusammenhang in Erinnerung zu rufen, dass die israelische Armee während der ersten Tage der zweiten Intifada – also zu einer Zeit, als die Palästinenser noch nicht zu den Waffen gegriffen hatten – eine Million Kugeln und andere Munition auf die Palästinenser abfeuerte. Damit spendierte die israelische Armee, wie es ein israelischer Offizier ausdrückte, »jedem Kind eine Kugel«.

Israel setzt auch weiterhin auf Eskalation. Die Armee provoziert und provoziert, um dann ihre eigene rücksichtslose, willkürliche und tödliche Gewalt als »Selbstverteidigung« deklarieren zu können und sie vor den Augen der Welt gerechtfertigt erscheinen zu lassen. Die Zustimmung der Welt, vor allem der amerikanischen Öffentlichkeit, ist ein wichtiger Faktor bei der Frage, wie lange Israel diese zerstörerische Politik wohl noch wird fortsetzen können. Insofern ist es zu begrüßen, dass jüngst zwei amerikanische Professoren den Einfluss der »pro«-israelischen Lobby auf die Außenpolitik der Vereinigten Staaten untersuchten. Die Studie der beiden Professoren, John Mearsheimer von der University of Chicago und Stephen Walt von der Kennedy School of Government an der Harvard University, wurde im März 2006 veröffentlicht und sorgte für einiges Aufsehen. Ich kann ihrer These, dass die Israel-Lobby die amerikanische Nahostpolitik diktiert, zwar so nicht teilen, weil mir scheint, dass die nicht weniger widerwärtigen Machtinteressen der amerikanischen Regierungen dabei zu wenig berücksichtigt werden; es ist aber richtig, dass Israel und die Freunde seiner völkerrechtswidrigen Politik sich so einiges einfallen lassen, um jede nüchterne Betrachtung der Fakten zu verhindern und Kritiker durch Diffamierung und Einschüchterung mundtot zu machen.

Uri Avnery, der, wie auch ich*, ein Lieblingshassobjekt der Israel-Lobby ist, hat sich im April 2006 in einem längerenArtikel mit der Diskussion um die Studie von Walt und Mearsheimer beschäftigt. Diese Diskussion kreiste vor allem um die Frage, ob die amerikanische Nahostpolitik nach den Wünschen der Israel-Lobby formuliert wird oder ob nicht doch die ökonomisch-strategischen Interessen der jeweiligen amerikanischen Machthaber ausschlaggebend sind. Avnerys Fazit: »Der Irak-Krieg lehrt, dass die amerikanisch-israelische Verbindung immer dann am stärksten ist, wenn sich die amerikanischen Interessen mit den israelischen zu decken scheinen (ganz gleich, ob dies am Ende wirklich der Fall ist). Die USA benutzen Israel, um den Nahen Osten zu beherrschen, und Israel benutzt die USA, um Palästina zu beherrschen.«

Dem stimme ich zu. Israel war zwar, wie auch die hauptsächlich aus Juden bestehende Gruppe der Neokonser-

---

* Ein denkwürdiges Erlebnis, das ich im Jahr 1976 an der Harvard University hatte, habe ich kürzlich im Vorwort zu Norman G. Finkelsteins Buch *Antisemitismus als politische Waffe: Israel, Amerika und der Missbrauch der Geschichte* geschildert (Piper Verlag, München/Zürich 2006). Hier berichtet Finkelstein unter anderem auch, was einer der notorischsten Vertreter der amerikanischen Israel-Lobby, Alan M. Dershowitz, in den siebziger Jahren gegen meinen palästinensischen Adoptivsohn Sami unternahm, um Israel gegen dessen Foltervorwürfe in Schutz zu nehmen. Es ist kein Zufall, dass Dershowitz nun auch heftig gegen die Studie von Walt und Mearsheimer wetterte.

vativen in den USA, sehr erpicht auf diesen völkerrechtswidrigen Angriffskrieg, den sie als dringend notwendige »Selbstverteidigungsmaßnahme« verkauften, und die Israel-Lobby wurde nicht müde, aus »moralischen« Gründen zu verlangen, dass man unbedingt sofort militärisch gegen den irakischen »Hitler« vorgehen müsse. Aber die großen, eng mit der politischen Elite verknüpften US-Konzerne konnten diesen Krieg aus Profit- und Machtgier ebenfalls kaum erwarten... Jennifer Loewenstein hat den gegenseitigen Nutzen, den die Vereinigten Staaten und Israel aus ihrer Partnerschaft ziehen - auch wenn beider »Nutzen« auf lange Sicht nur ins Verderben führen kann -, in dem bereits erwähnten Artikel vom Februar 2006 wie folgt beschrieben:

Israel ist für die Vereinigten Staaten praktisch eine Art überseeischer Militärbasis, ein »strategischer Aktivposten«. Auf Israels überaus starkes Militär - immerhin das viertmächtigste der Welt - ist Verlass, wenn es um die Unterstützung der expansionistischen amerikanischen Politik im Nahen Osten und in Südwestasien geht. Die Vereinigten Staaten können sich darauf verlassen, dass das israelische Militär die amerikanische Präsenz im Irak feiert und wenn nötig auch unterstützt, ebenso wie sie sich darauf verlassen können, dass es für die Aufrechterhaltung der regionalen Instabilität sorgt, indem es Syrien einschüchtert, Jordanien und Ägypten manipuliert und gegen den Iran in Stellung geht. Dafür kann dann die israelische Führung damit fortfahren, ihre eigene chauvinistische nationale Vision in die Tat umzusetzen, indem sie Milliarden von Dollar in den Siedlungsbau pumpt.

Avnery weist zu Recht darauf hin, dass jeder amerikanische Politiker, der es wagt, Kritik an der Politik des Staates

Israel zu üben, politischen Selbstmord begeht, und fügt noch hinzu: Sollte die israelische Regierung einmal den Wunsch äußern, der amerikanische Kongress möge doch bitte ein Gesetz zur Abschaffung der Zehn Gebote verabschieden, so würde ihr bestimmt auch dieser Wunsch im Nu erfüllt…

Fest steht, dass Kritik an Israel gerade auch in Deutschland dermaßen verpönt ist, dass die Politiker, von wenigen Ausnahmen abgesehen, noch nicht einmal durch die alarmierendsten Nachrichten aus Palästina dazu gebracht werden können, ihr Entsetzen zu bekunden, geschweige denn für ein Umdenken in der Politik einzutreten. Der Nahost-Korrespondent der *Frankfurter Allgemeinen Zeitung,* Jörg Bremer, wies am 30. Mai 2006 darauf hin, dass der Leiter des UN-Hilfswerks für Palästinaflüchtlinge (UNRWA) im Gazastreifen, John Ging, »schon vor Wochen … Alarmstufe Rot« ausgelöst habe. Die Unterüberschrift lautete: »Im Gazastreifen kämpfen die Menschen seit Monaten ums Überleben.«

Ich stelle fest: *Die humanitäre Katastrophe ist da – und sie ist politisch gewollt.* Der frühere Berater Scharons und jetzige Berater Olmerts, Dov Weisglass, sprach, wie schon erwähnt, davon, dass man die Palästinenser auf »Diät« setzen müsse. Und genau das tut der Westen jetzt. Eine solche »Politik« ist schon für sich genommen abscheulich. Hinzu kommt aber, dass diese »Diät« Menschen verordnet wird, die ohnehin schon zu den Ärmsten der Welt gehören und denen es an allem, einschließlich Nahrung und Trinkwasser, mangelt, weil ihre Lebensgrundlage seit Jahren systematisch und mit voller Absicht zerstört wird.

Den Abscheu, den ich angesichts dieser Menschenverachtung empfinde, zumal sie in Worte der Mitmenschlichkeit gekleidet und mit Verweis auf das historische Leid der Juden gerechtfertigt wird, kann ich nicht in Worte fassen. Da aber so viele Menschen beim Thema Israel/Palästina ihr Herz und ihren Verstand abzuschalten scheinen, muss ich Folgendes noch einmal in aller Deutlichkeit sagen:

Wer eine solche verbrecherische Politik betreibt, der gefährdet den Weltfrieden!

Wer glaubt, diese Verbrechen dienten dem Wohle des jüdischen Volkes, der irrt!

Und wer sich angesichts solcher Verbrechen in Schweigen hüllt, der macht sich zum Mittäter!

* * *

An dieser Stelle hatte ich das Buch eigentlich beenden wollen, doch leider zwingt mich die aktuelle Lage jetzt, Anfang Juli 2006, dazu, noch ein paar Bemerkungen hinterherzuschicken.

Die blutigen Provokationen, die totale Blockade des Gazastreifens, haben ihre Wirkung gezeigt. In der Nacht zum 25. Juni 2006 drangen bewaffnete Palästinenser durch einen unterirdischen Tunnel auf israelisches Gebiet vor. Dort, bei Kerem Schalom, griffen sie einen Stützpunkt der israelischen Armee an. Zwei Soldaten wurden getötet, vier verletzt. Einen Soldaten nahmen die Palästinenser als Geisel. Anders als die Tausenden namenlosen Palästinenser, die der Staat Israel in seinen Gefängnissen festhält, hat die israelische Geisel nicht nur einen Namen, sondern sogar ein Gesicht: Der junge Mann heißt Gilad Schalit. Sein Foto ging um die Welt.

Die in einer Meldung der Deutschen Presse-Agentur (*Schwäbisches Tagblatt,* 26. Juni 2006) enthaltene Erklärung für diese Aktion passt leider nur zu gut zu dem Punkt, den ich gerade eben machte: »Bei israelischen Militärschlägen in den letzten Wochen waren immer wieder auch unbeteiligte palästinensische Zivilisten getötet worden. Die militanten Gruppen teilten mit, der Angriff bei Kerem Schalom sei eine Reaktion auf die jüngsten ›israelischen Verbrechen‹ im Gazastreifen.«

Ich verurteile den Beschuss israelischer Städte durch Qassam-Raketen, weil sie ebenfalls unbeteiligte Zivilisten treffen können. Doch verständlicherweise werden die Palästinenser erst dann aufhören, Raketen zu basteln, wenn Israel aufhört, ihnen die Luft zum Atmen zu nehmen. Solange der Gazastreifen ein großes Gefängnis bleibt, dessen Insassen mit immer neuen Methoden gequält werden, wird auch der Beschuss grenznaher israelischer Städte weitergehen. Um das vorauszusehen, braucht man kein Prophet zu sein; es reicht der gesunde Menschenverstand.

Während die Lage im Gazastreifen eskaliert, ist es zwischen Hamas und Fatah zu einer Einigung über das so genannte Gefangenenpapier gekommen. Dieses Dokument wurde von in israelischer Haft sitzenden politischen Gefangenen verschiedener Fraktionszugehörigkeit ausgearbeitet. Hier die wichtigsten Punkte (laut *AFP/taz* 28. Juni 2006):

– Die Gründung eines unabhängigen palästinensischen Staats in den von Israel 1967 besetzten Gebieten mit Jerusalem als Hauptstadt;
– die Rückkehr der palästinensischen Flüchtlinge in ihre Heimat;
– die Eingliederung von Hamas und Islamischem Dschihad in die Palästinensische Befreiungsorganisation (PLO) als einziger legitimer Vertreterin des palästinensischen Volkes;
– das Recht des palästinensischen Volkes, mit allen Mitteln Widerstand gegen die israelische Besatzung in den 1967 eroberten Gebieten zu leisten;
– der Schutz und die Konsolidierung der palästinensischen Autonomiebehörde als Herzstück des Staates;
– die Bildung einer Regierung der Nationalen Einheit unter Beteiligung aller Parlamentsfraktionen, unter anderem Fatah und Hamas;
– die PLO und der Präsident der Autonomiebehörde führen Verhandlungen mit Israel, wobei entscheidende Abkommen durch das palästinensische Parlament oder per Volksentscheid gebilligt werden müssen;
– die Verurteilung der Belagerung des palästinensischen Volks durch Israel und die USA;
– der Aufruf an die arabischen Völker und Regierungen, das palästinensische Volk, die PLO und die Autonomiebehörde zu unterstützen;
– der Verzicht auf Spaltungen und Streitigkeiten sowie das Verbot des Einsatzes von Waffen in innerpalästinensischen Konflikten;
– die Reform und Modernisierung des palästinensischen Sicherheitsapparats, um ihm die Verteidigung des Vaterlandes und der Bürger gegen Aggression und Besatzung zu ermöglichen sowie Sicherheit und Ordnung zu gewährleisten.

Eine historische Einigung, die alle Friedensfreunde erfreut hat. Man beachte, dass sie auch eine De-facto-Anerkennung Israels beinhaltet. In der *taz* wurde gemutmaßt, die Palästinenser könnten nun auf eine Wiederaufnahme der internationalen Unterstützung hoffen (Sabine Knaul, 29. Juni 2006).

Umfragen zeigen, dass rund drei Viertel der palästinensischen Bevölkerung in den besetzten Gebieten den von den Häftlingen ausgearbeiteten Kompromiss unterstützen. Eine Hoffnungsbotschaft, die Israel allerdings mit der gleichen Verachtung ablehnte, mit der Israel auch schon früher jedes konstruktive Angebot für Verhandlungen abgelehnt hat. Das beweist nur einmal mehr, dass auch die von den »Zivilisten« Olmert und Peretz geführte Regierung an einem gerechten Frieden nicht das geringste Interesse hat.

Drei Tage nach der Entführung des Soldaten Schalit hat Israel im Gazastreifen eine Bodenoffensive gestartet. In der Propagandamaschinerie wurden anscheinend wieder Überstunden gemacht, um auch für diese Aneinanderreihung von Kriegsverbrechen einen besonders hübschen Namen zu finden. Die »Operation Sommerregen« dient offiziell dazu, den israelischen Soldaten aus den Fängen der bösen Palästinenser zu befreien. Die Entführung war jedoch nur ein willkommener Vorwand, um endlich die seit langem geplante Offensive im Gazastreifen durchführen zu können. Ziel ist die Zerstörung der zivilen Infrastruktur und die Zerschlagung der Hamas.

Schalits Entführer fordern die Freilassung aller palästinensischen Frauen (125) und aller palästinensischen Kinder und Jugendlichen unter 18 Jahren sowie 1000 weiterer palästinensischer Gefangener aus israelischer Haft. (Laut palästinensischen Quellen hält Israel derzeit rund 9800 Palästinenser in israelischen Gefängnissen fest.) Doch die israelische Regierung lehnt diese Forderung ab, obwohl laut einer Umfrage 58 Prozent der Israelis für einen Gefangenenaustausch wären.

Der »Sommerregen«, den Israel jetzt auf den Gazastreifen niederprasseln lässt, hat für dessen rund 1,5 Millionen Bewohner katastrophale Folgen, so viel steht schon jetzt, wenige Tage nach Beginn der Offensive, fest. Israel hat das einzige palästinensische Elektrizitätswerk bombardiert; 700 000 Einwohner sind ohne Strom; Tausende sind ohne Wasser, da die meisten Wasserpumpen elektrisch betrieben werden und die Notgeneratoren nur noch Benzin für wenige Tage haben. Von diesem Notstand, den Israel mutwillig herbeigeführt hat, sind auch die Krankenhäuser betroffen. Israel hat Brücken und Straßen bombardiert, dazu noch das Innenministerium in Gaza und das Büro von Ministerpräsident Hanija, die Universität Gaza und eine Schule. *Und während ich diese Zeilen schreibe, bombardiert Israel den Gazastreifen, den es schon seit Jahren systematisch verwüstet, weiter, und zwar ungestört!*

Am 6. Juli hat Israel seine Offensive im Gazastreifen ausgeweitet und ist in den Norden eingerückt. 15 Palästinenser und ein Soldat wurden getötet. Am 7. Juli gibt es insgesamt schon über 30 palästinensische Tote. Die israelischen Waffen sind schneller als meine Feder…

Olmert hat unterdessen zu Protokoll gegeben, dass er nach noch mehr Blut lechzt: »Die Hamas wird bluten, bis ihre Führer in Klagegeheul ausbrechen«, schwor er (*Jerusa-*

lem Media and Communications Center, 7. Juli 2006). Und in einem Punkt hat Olmert sogar Scharon übertroffen: Er ließ 64 Hamas-Abgeordnete, darunter acht Minister – ein Drittel der gewählten Regierung – verhaften. So agiert »die einzige Demokratie im Nahen Osten«…

In einem Offenen Brief in der Londoner *Times* protestierten britische Juden (Jews for Justice for Palestinians) am 7. Juli 2006 gegen Israels militärische Aggression im Gazastreifen. Der Brief enthält unter anderem eine Information, die den westlichen Medien nicht einmal eine Fußnote wert war, geschweige denn internationale Entrüstung hervorrief: Einen Tag vor der Entführung Gilad Schalits hatte die israelische Armee zwei palästinensische Zivilisten aus ihrem Haus entführt, einen Arzt und seinen Bruder, in der Nähe von Rafah im südlichen Gazastreifen. *Derlei Entführungen von Palästinensern durch die israelische Armee sind an der Tagesordnung und betreffen wahllos Männer, Frauen und Kinder.*

Der israelische Soldat Arik Diamant, der sich heute für seine Beteiligung an derartigen, in aller Regel mit Misshandlungen des Entführten einhergehenden Einsätzen schämt, erklärte in einem kurzen Bericht vom 5. Juli 2006 (*Ynet*): »Wenn die Palästinenser so etwas machen, dann nennen wir das ›Terror‹. Wenn wir so etwas machen, scheuen wir keine Mühe, um die begangene Gräueltat in einem guten Licht erscheinen zu lassen.«

Doch über die routinemäßigen Entführungen von Palästinensern durch das israelische Militär schweigt sich der Westen aus, obwohl es sich dabei erstens um eine ungleich höhere Anzahl von Opfern und zweitens um Zivilisten handelt. Ob sich der US-Präsident und die deutsche Bundeskanzlerin über Geiselnahmen empören oder nicht, hängt ganz offensichtlich einzig von der Frage ab, ob die Geiseln Palästinenser oder Israelis – genauer gesagt: jüdische Israelis – sind.

Der UN-Nothilfe-Koordinator Jan Egeland zeigte sich sehr besorgt über die israelischen Angriffe: »Wir sind entsetzt, wie mit der Zukunft schutzloser Zivilisten umgegangen wird«, sagte er (dpa/AP, *Schwäbisches Tagblatt*, 1. Juli 2006). Mahmoud Abbas spricht ebenso wie *amnesty international* von Kriegsverbrechen. Und die Welt? Die amerikanische Regierung nennt diese Schandtaten »Selbstverteidigung«. Die Bundesregierung erwartet »Augenmaß« bei der Offensive gegen die Palästinenser (*Junge Welt*, 1. Juli 2006). Die EU appelliert an beide Seiten ... Der Westen lässt Israel gewähren und sorgt dafür, dass das Land für seine fortwährenden Kriegsverbrechen nicht zur Rechenschaft gezogen wird. Mehr noch: *Nicht Israel, sondern den Palästinensern werden Sanktionen auferlegt.* Der UN-Sonderberichterstatter zur Lage der Menschenrechte in den besetzten Gebieten, John Dugard, erklärte in einer Rede vor dem UN-Menschenrechtsrat am 5. Juli 2006:

> Israel missachtet unzählige UN-Resolutionen und weigert sich, die im Rechtsgutachten des Internationalen Gerichtshofs enthaltenen Forderungen aus dem Jahr 2004 zu erfüllen. Das Quartett hat bislang jedoch nichts gegen Israel unternommen und sieht höflicherweise davon ab, Israel auch nur daran zu erinnern, dass es seinen sich aus dem Rechtsgutachten ergebenen Verpflichtungen noch nicht nachgekommen ist. Jetzt hat das Quartett praktisch Wirtschaftssanktionen verhängt – allerdings gegen das palästinensische Volk (wohlgemerkt nicht gegen die Autonomiebehörde).

Nachdem Dugard die zunehmend katastrophale Lage im Gazastreifen und im Westjordanland geschildert hatte, drängte er darauf, die durch Israels unmoralische und völkerrechtswidrige Politik verursachten Probleme beim Namen zu nennen. Er fügte noch hinzu:

Es sei noch einmal betont, dass hier nicht die Hamas-Regierung, sondern das palästinensische Volk bestraft wird. Die israelische Belagerung des Gazastreifens trifft das palästinensische Volk. Die wirtschaftliche Isolierung Palästinas trifft das palästinensische Volk. Als Südafrikaner habe ich noch in Erinnerung, mit welcher Begründung die westlichen Mächte es einst ablehnten, Wirtschaftssanktionen gegen das Apartheidregime zu verhängen: Damit würde man die schwarze Bevölkerung Südafrikas treffen, hieß es. Wenn es um die Palästinenser und ihre Menschenrechte geht, ist von derlei Rücksichtnahme keine Rede.

Fazit: Israel steht über dem Völkerrecht.

Es ist an uns, dafür zu sorgen, dass es nicht dabei bleibt.

* * *

Mitte Juli 2006. Eigentlich sollte hier endgültig Schluss sein – schließlich soll das Buch schon bald erscheinen –, aber der Nahe Osten brennt. Darum ein letztes Wort. Wie zu erwarten war, sind sich Israel und seine westlichen Verbündeten bei der Schuldzuweisung einig: Nach der Hamas im Gazastreifen habe nun auch die libanesische Hizbollah Israel mit Übergriffen auf israelischem Territorium »grundlos provoziert«. Die Wahrheit sieht anders aus:

Die geistigen Brandstifter sitzen in der israelischen Regierung.

Diejenigen, die den Brand gelegt haben, fahren unbeirrt damit fort, Öl ins Feuer zu gießen.

Die wahre Provokation ist die israelische Besatzung, die nun seit bald vierzig Jahren andauert.

Nur deren Ende wird den Brand löschen können.

Literatur

Übersetzung der englischsprachigen Quellen, soweit nicht anders angegeben: Maren Hackmann

Avnery, Uri, »A Disgusting Exercise«, www.zmag.org, 23. März 2006

Avnery, Uri, »What the hell has happened?«, www.zmag.org, 31. März 2006

Avnery, Uri, »Who's the dog? Who's the tail?«, www.zmag.org, 25. April 2006

Barghouti, Mustafa, »The truth you don't hear«, *Al Ahram Weekly* (Ägypten), 1. Dezember 2005

Ben Zeev, Noam, »Next year in Damascus«, *Haaretz*, 24. August 2005

Bremer, Jörg, »Trotz Chaos kein Bürgerkrieg – Im Gazastreifen kämpfen die Menschen seit Monaten ums Überleben«, *Frankfurter Allgemeine Zeitung*, 30. Mai 2006

B'Tselem (Israelisches Informationszentrum zur Lage der Menschenrechte in den besetzten Gebieten), *Land Grab – Israel's Settlement Policy in the West Bank*, Mai 2002

Davis, Uri, *Apartheid Israel – Possibilities for the Struggle Within*, Zed Books, London/New York, 2003

Diamant, Arik, »Look who's been kidnapped!«, *Ynet*, 5. Juli 2006

Einstein, Albert, *Über den Frieden – Weltordnung oder Weltuntergang*, Melzer Verlag, Neu-Isenburg 2004

Elmasry, Mohamed, »Why Apartheid Israel and Apartheid South Africa Are So Similar«, www.CanadianIslamicCongress.com, 14. April 2006

Erich-Mühsam-Gesellschaft (Hg.), *»Den Schwachen zum Recht verhelfen«: Erich-Mühsam-Preis 2005 an Felicia Langer*, Schriften der Erich-Mühsam-Gesellschaft, Heft 26, Lübeck 2005

HaCohen, Ran, »Hebron for Beginners«, www.antiwar.com, 18. Januar 2006

Halper, Jeff, »Sumud vs. Apartheid«, www.CounterPunch.org, 22./23. April 2006 (Artikel erschien ursprünglich in *The New Internationalist*)

Hamadeh, Anis, »Sanktionen gegen Palästina?«, www.anis-online.de, 8. April 2006

Harel, Yehudith, »The Isolation of the Residents of Hebron – A Tactic to Break Their Spirit«, *Occupation Magazine*, 22. Mai 2005

Hass, Amira, »A talent for destruction«, *Haaretz*, 22. September 2005

Hass, Amira, »It's not all in the details«, *Haaretz*, 28. Dezember 2005

Hass, Amira, »It's not the olive trees«, *Haaretz*, 11. Januar 2006

Hass, Amira, »Strangled in Gaza«, *Haaretz*, 22. März 2006

Ibrahim, Nassar, »The Palestinian Legislative Council's Elections – A New Stage and Old Questions«, *News from Within*, Februar 2006

Kasrils, Ronnie/Brittain, Victoria, »Israel Should Face Sanctions«, *Guardian*, 19. Mai 2006

Langer, Felicia, *Brandherd Nahost oder: Die geduldete Heuchelei*, Übersetzung Gabriele Schlegel, Lamuv Verlag, Göttingen 2004

Langer, Felicia, *Brücke der Träume – Eine Israelin in Deutschland*, Übersetzung Barbara Linner, Lamuv Verlag, Göttingen 1994, 2003

Langer, Felicia, *Die Frau, die niemals schweigt – Stationen eines Lebens*, herausgegeben von Karl-Klaus Rabe, Lamuv Verlag, Göttingen 2005

Langer, Felicia, *Lasst uns wie Menschen Leben! – Schein und Wirklichkeit in Palästina*, Übersetzung Barbara Linner und Inge Presser, Lamuv Verlag, Göttingen 1996, 1999

Langer, Felicia, *Miecius später Bericht – Eine Jugend zwischen Getto und Theresienstadt*, Übersetzung Barbara Linner, Lamuv Verlag, Göttingen 1999, 2001

Langer, Felicia, *Mit eigenen Augen – Israel und die besetzten Gebiete 1967–1973*, Übersetzung Hans-Joachim Dulis und Birgit Sommer, Progress Dritte Welt Verlag, Bonn 1977

Langer, Felicia, *Quo vadis Israel? – Die neue Intifada der Palästinenser*, Übersetzung Inge Presser, Lamuv Verlag, Göttingen 2001

Langer, Felicia, *Wo Hass keine Grenzen kennt: Eine Anklageschrift*, Übersetzung Barbara Linner und Inge Presser, Lamuv Verlag, Göttingen 1995

Langer, Felicia, *Die Zeit der Steine – Eine israelische Jüdin über den palästinensischen Widerstand*, Übersetzung Ellen Harms (Ellen Rohlfs) und Hans Lebrecht, Lamuv Verlag, Göttingen 1990, 1994

Langer, Felicia, *Zorn und Hoffnung* (Autobiografie), Übersetzung Barbara Linner und Michael C. Sternheimer, Lamuv Verlag, Göttingen 1991, 2003

Leibowitz, Shamai K./Heller, Kat[e]rina, »The Gaza Evacuations: Disengagement or Tactical Military Redeployment?«, www.CounterPunch.org, 24. August 2005

Levy, Gideon, »Collateral Damage – Entire Gaza family«, *Haaretz*, 31. Mai 2006

Levy, Gideon, »Enough Palestinian Cars«, *Haaretz*, 23. Oktober 2005

Loewenstein, Jennifer, »Preventing Peace: Israel, the United States and the Rise of Hamas«, *News from Within*, Februar 2006

Michael, B., »With the Help of God – Jerusalem Has Been Divided«, *Yedioth Ahronot*, 12. Juli 2005 (englische Übersetzung aus *Occupation Magazine*, www.kibush.co.il)

Open Bethlehem, »Fears of New Israeli Settlement as Wall Completed Around Bethlehem«, 27. Februar 2006

Palestine Monitor, »New Jewish Settlement in Muslim Quarter of Jerusalem Old City near Al Aqsa Mosque Could Ignite a Third Intifada«, 27. Juli 2005

Peled, Nurit, »If There Is a God«, *The Other Israel*, Nr. 125/126, Mai 2006

Reichel, Anja, »Ausnahmezustand in Hebron«, *Im Lande der Bibel*, 1/2006

Schäfer, Peter, »Der Todesstoß für den Traum der Palästinenser«, *Schwäbisches Tagblatt,* 4. August 2005

Schultens, Leonie, »Im Käfig«, *Spiegel Online*, 17. Februar 2006

Schütt, Hans-Dieter, *»Nicht gegen mein Gewissen« – Gespräche mit Felicia Langer*, Karl Dietz Verlag, Berlin 2005

Tutu, Desmond, »Apartheid in the Holy Land«, *Guardian*, 29. April 2002